U0135028

操作外匯比想像的還簡單
－ 不了解也可以做外匯

著作 － 金吉拉

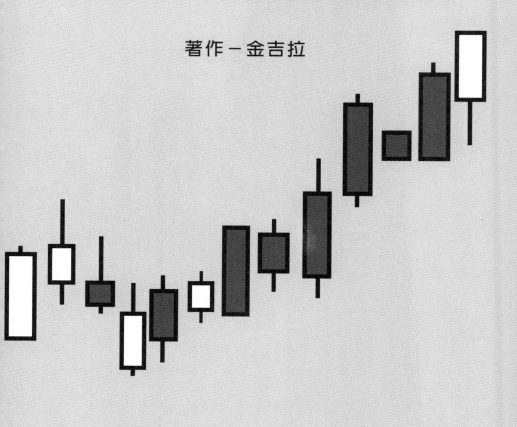

推薦序

　　與金吉拉老師的結識約始於三年前。那時剛接手投資系列課程的我對投資這塊領域尚在一知半解，幸好文化大學推廣部有眾多老師的大力幫忙。金吉拉老師就是其中一位的好夥伴。他在文化推廣部所開設的[投資操盤實戰系列]課程，每門課都提供了實戰運用以及跟單的機會，剛開始很擔心這樣的課程設計，若無法提供學員一定的勝率，肯定會造成信心下降，影響招生口碑。不過轉眼經過三年，事實證明我只是杞人憂天，外表氣質看似溫和內斂的老師，對於鑽研投資績效與授課效益的意志力是相當驚人的！

　　2014至今，全球投資景氣歷經不小的震盪，也反映至課程的市場需求度，老師的課程一班數十人，在下了課後眾多學員圍繞在旁交流分享投資心得，往往得花上個把小時才能脫身，但從未聽過Allen有所怨言，相反的主動邀請學員加入群組，隨時交流投資心得，當景氣探底時，上課學員僅有個位數，老師的上課熱情絲毫未受影響，對於每位繳費上課的學員完全傾囊相授，授課品質也如實反映在課程調查表上，學員滿意度始終維持在高檔未曾下修。

　　此次很榮幸能夠獲得金吉拉老師的邀請撰寫序言，新書的主題聚焦在外匯投資，就投資專業上，自己不敢班門弄斧來剖析內容，藉由分享與作者的合作過程，讓讀者能夠更理解老師對於傳授投資觀念的積極與責任感，此次的著作肯定能提供讀

者更深入的專業知識，更希望不久的未來，作者也能夠再出版台股、期指及選擇權等主題的相關著作，對於無法在課堂上一窺老師教學功力的朋友來說，肯定是另一個奠定投資專業的最佳管道。

文大推廣部投資系列課程負責人　郭鴻益

序

操作外匯，其實比您想像的還簡單。

多數人往往過度著重在短線的操作，想要快速獲利，但真正擁有技術能力與心態的操盤者，卻是少之又少。唯有真正看清自己，瞭解投資的真諦，花時間等待，才能在這個市場中持續獲利，最終獲得甜美的果實。

『簡單』在市場獲利，這是筆者對外匯操作最重要的認知。由於已經完全以操作為職業，雖不敢說大富大貴，但還能求得溫飽，樂活的人生。如果讀者您本身是想要在短時間內就達成致富，那麼，您對這本書的內容一定會很失望。但是如果想要簡單、幸福穩定的獲利，那麼我相信《操作外匯比想像的還簡單》有機會在將來為您帶來不可思議的豐富人生。

那麼，廢話就不多說，就讓小弟我來為您開啟，豐富人生外匯的第一頁。

內容

目 錄

第一章

操作外匯的優勢

操作外匯
→ 比想像的還簡單

■ 第一節　認識外匯

　　外匯市場是全球最大的交易市場，其次是債市，再來才是股市。外匯單日交易可高達1.5兆美元，傳統的觀念仍停留在外匯交易僅適用銀行、財團、公司及財務經理人，這是一般對外匯的誤解。換匯早就不是外匯存在的唯一目的，其實它早已經是優秀的投資理財工具。

　　外匯的參與者較多，常見的包含進出口廠商及跨國公司、自營商、經紀商、各國中央銀行、投資者、套利者等。所以外匯操作，比起股票、期貨參與者更多，若主力想要進行控盤所需的資金就要更大，同樣的資金下，控盤的力道自然就會相對薄弱。因此，在整體的操作上，對投資人來說就反而變的比較公平。

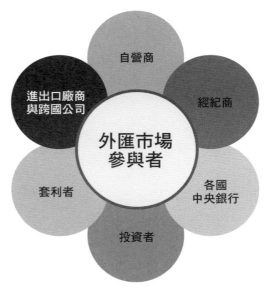

　　例如，金融巨鱷索羅斯，在1997年亞洲金融風暴，大舉狙擊泰銖、印尼盾…等獲利，但後續轉攻港元及台幣，準備引發新一波亞幣競貶，但都受到央行強力反擊及政策護盤終告失敗。所以要靠單一炒手進行控盤，困難度遠比控制一檔10億資本額的股票要難上許多。

　　另外，由於各國央行都持有相當數量的外匯餘額做為國際貨幣的儲備，並承擔著維繫本國貨幣金融市場的職責。所以，單一炒手難以擊敗央行，控盤困難度高，且這句話總結到外匯操作的精隨，就是要『特別注意央行的動作與目的』。

操作外匯
比想像的還簡單

排名	國家或地區	外匯儲備 (億美元)	檢視日期
1	中華人民共和國	38,992	2014年12月
2	日本	11,924	2015年5月
—	歐元區	8,820	2013年2月
3	沙烏地阿拉伯	6,739	2015年5月
4	瑞士	5,544	2015年5月
5	中華民國	4,189	2015年5月
6	巴西	3,644	2015年4月
7	印度	3,628	2015年5月
8	大韓民國	3,621	2015年5月
9	香港	3,310	2015年5月
10	新加坡	2,495	2015年5月
11	俄羅斯	3,567	2015年5月
12	墨西哥	1,983	2015年4月
13	阿爾及利亞	1,936	2014年12月
14	德國	1,926	2015年4月
15	泰國	1,611	2015年4月
16	英國	1,560	2015年4月
17	法國	1,415	2015年4月
18	義大利	1,398	2015年3月
19	土耳其	1,228	2015年4月
20	美國	1,215	2015年4月

2015年前20名外匯儲備表　資料來源：維基百科

正常情況下，國家的外匯儲備越高，央行控制外匯的力道就越強。因為，當央行政策讓匯率趨貶，換匯以及避險的需求就會大增，反而增加貶值的幅度。同理，央行讓匯率升值，情況也是一樣。

外匯簡單來說，就是拿台幣換其他國家的貨幣，當台幣升值，我們會持有台幣，代表台幣可以換到商品的價值會更高，當台幣貶值，我們將台幣轉進正在升值的貨幣，這時我們手中持有的部位就會是該新的貨幣，只要是新的貨幣升值，我們實際擁有的價值就會增加。

比如說，常見的美元兌台幣，現在若是32元，表示1美元可以換32台幣，當台幣升值到30，意思也就是說，用30台幣就可以兌換1美元，所以台幣升值時，我們就可以用較少單位的台幣，去兌換原本的美元單位。

因此，簡單來說，外匯跟股票一樣，有漲有跌。而買進正在升值的貨幣，賣出正要貶值的貨幣，甚至放空貶值貨幣，投資人只要做對邊，就會賺錢。

圖：歐元兌美元(週線)

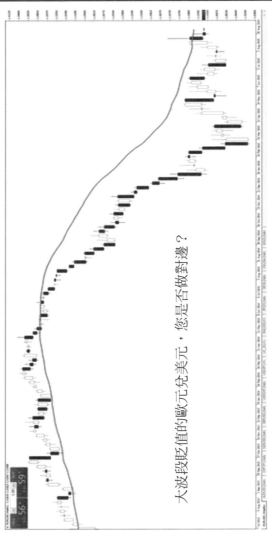

大波段貶值的歐元兌美元，您是否做對邊？

圖：歐元兌美元（週線）

▓ 第二節　外匯對我們生活的影響

即使不做外匯，外匯對我們的生活影響還是很大，只是它很無形，一般人不知道而已。

基本上，外匯是個零和遊戲的市場，有人賠錢，就代表有人賺錢。我們來舉個例子做說明，就可以很快瞭解為什麼外匯和我們的生活息息相關。

在匯率變動的情況下，假設您的薪資不變，手中的新台幣，若沒轉進保值或升值的貨幣，實際上您的購買力就會降低。

以歐洲人為例，2008年歐元兌美元高點約在1.60，至今約1.14，7年時間下來，歐元貶值比率為$(1.60-1.14)/1.60 \times 100\%=28.75\%$。所以持有歐元的部分，假設在這7年下來，薪資並沒有任何減少的情況下，因為歐元貶值，造成持有歐元的實質購買力降低近3成。要是投資人的資產沒有轉進較為保值的金融商品或貨幣，雖然從淨值的數據來看，並沒有變化。100萬歐元還是100萬歐元，數據上並沒有減少，但實際上持有的歐元因為貶值接近3成，同樣的錢，能買到的東西，變少很多。所以，有沒有做好貨幣的保值？ 實際上，可能比想辦法要求老闆為您加薪來的重要。

操作外匯

比想像的還簡單

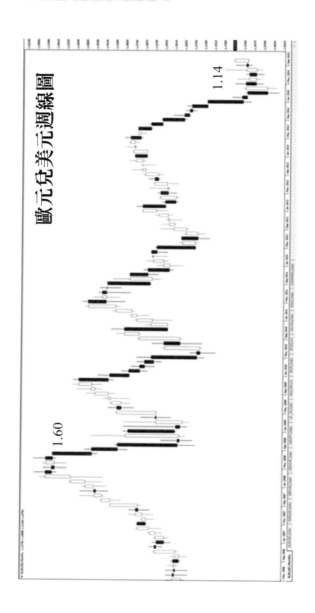

歐元兌美元週線圖

1.14

1.60

　　畢竟，金錢最終的目的不是數字高就好，而是要反映在您的實質購買力，那麼數字才會有意義。否則，如同惡性通膨的辛巴威一樣，到2015年6月，匯率是3.5萬兆辛幣兌換1美元，數目超級之大，到了6月中旬，1000億辛幣也只等值於一個麵包，這樣的數字再大，也沒什麼意義。

　　最後，通膨失去控制導致辛國政府放棄辛巴威幣，改採其他貨幣。

資料來源：天使的咖啡屋

　　其實，貨幣一種有錢人設計出來的狡猾遊戲，在不知不覺中，看起來也是非常合理的情況下，不斷掏空您的購買力。所以，不管您懂不懂外匯？ 也不管您做不做外匯？外匯，就是這樣深深地影響您的生活環境與您的生活品質。

第三節　做外匯的好處

做外匯的好處多多

　　* 24小時交易不中斷，除了重大節日和週六日外，外匯幾乎都有開盤，是一個可以持續操作的金融商品，只要有網路，就可以下單，非常方便。

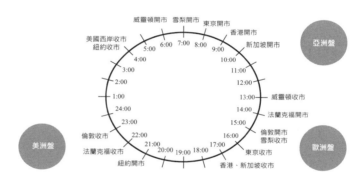

世界主要匯市交易時間表（臺北時間）

　　* 成交方便，因為是槓桿保證金交易，所以本金需求較低，部分海外券商50美金就可開戶入金，不像股票動輒都要幾萬元以上才可操作。由於本金需求較低，就不是只有財團或法人才具備投資資格。當人人都可以操作，就容易創造出更大的成交量，因為交易活絡，就更不用面臨出場不了流動性風險的問題。

　　* 政策可預期，央行為實現控制國內物價、調節貨幣流通性、調整利率、穩定金融市場、降低失業率活絡經濟等為主要目標，投資人可從總體經濟角度出發，推估央行政策主導的匯率方向，可預期性較高。

　　* 點差較低，外匯的手續費俗稱點差，一般來說點差較股市的手續費來的低且通常非固定，通常交易較頻繁時間，相關的貨幣點差較低。所以當投資人喜歡做歐元兌美元時，可等下午歐洲股市開盤後再進行交易，通常可以省下部分的點差，長時間下來也是一筆小小的利潤。

　　了解到做外匯的好處與台股的差異，接著，我們開始進入實際操作外匯的相關 know how。

| 第二章 |

趨勢分析

第一節　月線判斷趨勢

技術面的趨勢判斷，其實並不難，嚴格來說，我認為不需要高深的學問，人人都可以判斷。只不過在操作上，投資人喜歡賺快錢，加上媒體的渲染，造成誤以為獲利倍數是很簡單的事，也不需要花時間等待就可以達成。這些錯誤的觀念，充斥市場當中，讓投資人習慣以賭博的方式來進行操作，造成多數人以短線為主，最後落得虧損收場。

在這邊，如果有幸讓筆者調整一下錯誤的觀念，相信對投資人在操做外匯上一定有更多的助益。

* 我們都聽過，市場中存在著短線操作就能獲利的名師，所以要想辦法跟他們學習，想像學得一招一式，這輩子就能不愁吃穿。但真實的狀況，筆者自己身邊認識短線操作能真正獲利的朋友，實際上不到3位。何況筆者認識一大堆營業員，多數的營業員手中真正有在獲利的客戶，也幾乎是做波段以上的單子。

* 短線點差佔的成本太重，點差侵蝕掉原本應該獲利的空間，因為進出太過頻繁，正常情況下，做對2次，只要做錯1次，再扣除點差，基本上等於沒賺沒賠。如果進場勝率沒辦法高達7成以上，且短線誤判不嚴格執行停損，長時間下來一定慘賠。

　　* 做短單獲利的人，他們的抗壓力、果斷力、執行力甚至連看盤的邏輯，都異於常人，不是正常人想學就學的來的。具有貪念或是已經出現浮虧坳單的投資人，根本無法承受這種壓力，最終，必定失敗收場。

　　* 最後，短單雖然能賺到錢，但我認識真正能在市場中賺取豐厚利潤，身價超過美金7位數以上，主要都是做波段單或長單所賺來的，既然投資人的目的是想要賺大錢，那何不改變一下做法？ 賺真正的大錢呢？

　　由於短單不容易獲利，筆者來跟大家探討趨勢怎麼看？ 其實非常簡單。我說過，就算不會技術分析，也能看得懂。首先，看趨勢，一定要看月線圖。

　　如範例所示：

這是之前歐元兌美元的月線圖，在大跌一大段打出底部後，此時，相信投資人已經知道趨勢偏多還偏空？

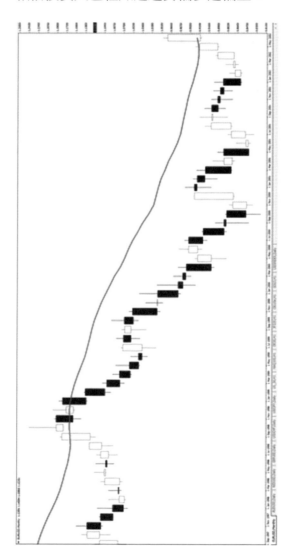

　　這歐元兌美元的月線圖，就算筆者不說，投資人一看也知道現在是偏空。由於之前做了一個頭部，並往下摜破頭部的頸線後就正式轉空，最新的歐元兌美元已經跌至1.1價格附近震盪，後面若沒打出一個底部並往上突破，拉高仍是偏空操作為主。

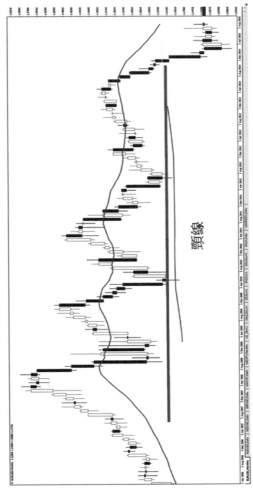

這是之前的美元兌日幣的月線圖，突破均線後，也開始正式翻多。

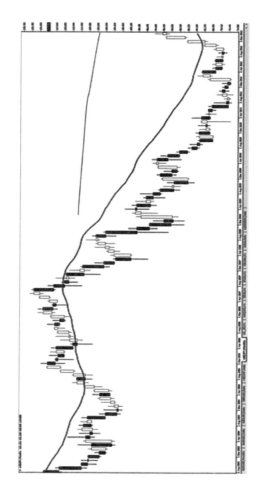

美元兌日幣翻多後，現正在高檔整理，趨勢仍尚未轉變為空方，尚未做出頭部之前，殺低仍是找買點做多，低進高出，做高檔震盪。

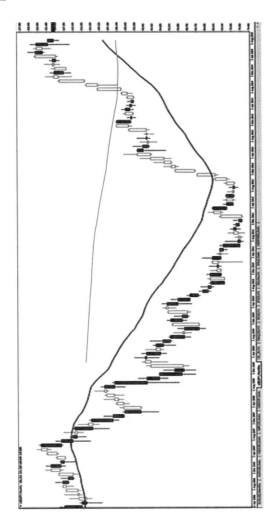

當我們知道趨勢後，做單就會有依據，心裡也不會因為上漲下跌受到波動慌亂，操作上，自然也就會比較容易呈現穩定的結果。

■ 第二節　趨勢線3招必殺操作

學過技術分析的投資人一定都不陌生，趨勢線的畫法如果正確，就可以找出方向，也可以快速找到趨勢的壓力與支撐。

筆者看過很多人在多頭趨勢，是以多頭走勢中的兩個回檔的最低點連結起來，或是最低點加近期任一個回檔低點就連成趨勢線，然後就以這條往上方延伸的趨勢線當成多頭的上升趨勢線。藉此來觀察，K棒要是跌破這個上升趨勢線，就做為轉空判斷的依據。

空頭的話則反過來看待，取下跌走勢中的兩個反彈的高點，或是最高點加最近一個反彈的高點來劃成下降趨勢線，當K棒突破這個下降趨勢線後，行情就做為轉多的依據。

但是，筆者想問，這樣畫趨勢線，是正確的嗎？其實，多數人也不太確定是否正確？ 所以，畫出來的結果，常常不盡人意。最後覺得趨勢線的效果使用不彰，只好放棄。

趨勢線的畫法，到底是要用上下影線來畫？還是要用柱狀圖實體的部位來畫？ 其實市場上各有論述，不過由於趨勢線畫法偏向自由心證，所以跟主觀判斷的能力就相當重要，而主觀

判斷的能力，取決於經驗，當畫的越多，經驗越足夠，精準度自然就會越高。

在這個劃線的過程中，一定要有個觀念，不是趨勢線不好，而是當經驗不足時，趨勢線畫法就容易產生錯誤，甚至會被市場修理。但重點是，千萬不要馬上就放棄，回到原有的技術指標，這種工作是需要不斷的驗證，累積經驗，總有一天，會明白趨勢線的精準度相當不錯。

筆者自己累積多年趨勢線畫法，有3招重點心得與投資人一起分享

第一招　斜率才是王道

不要管到底是要用影線還是要抓實體柱狀圖來畫線，其實我的經驗都不是最好的。因為有時候用最高最低價來劃線，會是正確的，但有時候用柱狀實體來畫，才是正確的，這兩種狀況都會發生，所以投資人很難就劃線的部分，來找到標準答案。所以，筆者觀察以及操作多年的個人經驗，以劃線來說，從上下影線或實體柱狀圖開始劃線其實不是最重要，最重要的其實是『斜率』，斜率代表的是該趨勢的方向是否改變？若是發生改變，比如說發生收盤突破或跌破的情形？ 突破的表現如何？ 才代表行情多空的慣性可能被改變。

以歐元兌美元的日線圖為例：

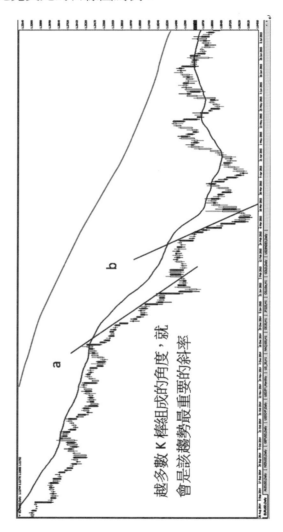

越多數K棒組成的角度，就會是該趨勢最重要的斜率

　　a、b兩條線都是下跌趨勢，不過b的下跌斜率比起a較為陡峭，所以顯示在這兩段的主客觀環境的不同，所以走跌的斜率也不相同。也許走b斜率下跌時，正是國際間即將出現重大訊息，也可能是市場做多的停損單出籠，造成跌勢不同，原因可能有很多。細節筆者這邊先不講解，先單純以技術面來做判斷。因此要注意到，當趨勢線的斜率被突破，且要以收盤價格來做定義，才可認定行情有可能被改變。

操作外匯
比想像的還簡單

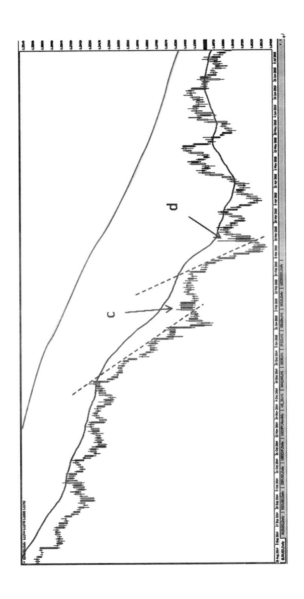

　　c、d的紅K，收盤價格正式突破下降壓力線，也就是下跌的慣性正式被改變，此時，我們才可以調整看法，行情在短線有機會翻多，比較沒那麼弱。

第二招　趨勢線的碰觸需要符合前面週期，否則慣性容易改變

　　不管是壓力線還是支撐線，趨勢線的碰觸，要符合一定的週期。如果是以日線來看，碰觸的週期為15日左右，那麼，下次碰觸的時間，應該不能離15日太早或太久，否則該趨勢線的慣性受到改變，該趨勢線能提供的防守力道就會減弱。

以澳幣兌美元日線圖為例

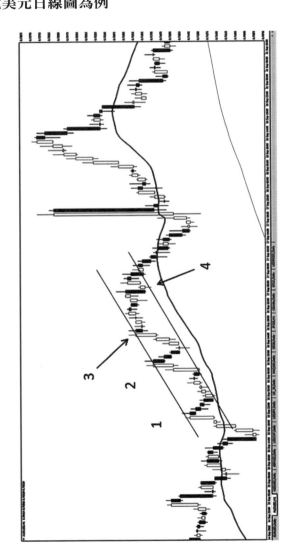

1、2波高點的間距時間約為11個交易日左右，碰觸到3高點時只用7日，顯示後面行情比前面行情還強勢，那麼，應該在幾天內突破平行的壓力趨勢線，結果K棒在這混了8~9天都無法突破，表示慣性已經改變，但尚未轉弱，因為還未跌破下緣平行的支撐趨勢線。

接著，行情在4碰觸到支撐線時，較前2次連續碰觸到支撐線時間來的長，所以不管是上漲或下跌，慣性都已經改變，直到最後收盤價5正式跌破支撐線時，才可確定本波上漲行情正式轉弱。

所以要是與前面週期的時間已經到達，但K棒卻沒出現價格觸碰的情況，顯示趨勢線慣性已經轉弱，投資人要考慮是否先行減碼或平倉，以避開不確定的因素。

第三招　長紅或長黑突破趨勢線，改變趨勢的可能性將大增

要扭轉一個已經在走的行情趨勢，其實並不容易，當這個趨勢走到盡頭，行情準備反轉的時候，如果市場主力有決心要改變趨勢，那麼，應該要伴隨而來出現長紅或長黑來突破，那麼可信度就會有所提高，才會判斷主力有所決心。

以最新的原油日線圖為例

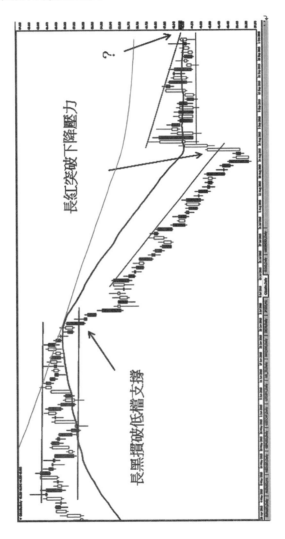

最後，問號的位置，正是目前原油價格走下降三角形的區間，就經驗上來推估，這邊短線走向上突破的機會較高，可以密切觀察，而且價格也已經到了收斂的末端，就等最後的長紅突破，或是長黑跌破來表態。筆者就投資經驗，一旦發現這種狀況，就要持續關注，待日線收盤確定方向後，設好停損就馬上進場，賺取一段小獲利。

第三節　央行政策確定趨勢

中央銀行負責控制國家貨幣供給、信貸條件，監管金融體系，尤其是商業銀行和其他儲蓄機構。

由於中央銀行是一個國家最高的貨幣金融管理機構，在貨幣市場中處於該國家的主導地位。各國的央行，都受該國經濟狀況的轉變，調整央行的貨幣政策，所以貨幣政策不會永遠不變。

中央銀行的主要的任務包含：發行貨幣、貨幣流通、存款準備金、證券、貸款、再貼現、黃金儲備、外匯儲備等相關業務。

基本上，央行擁有強大的貨幣數量以及貨幣政策可做推行，所以，央行在貨幣市場在筆者的定義，是市場最大的主力，千萬要跟緊央行方向進行操作，尤其是黃金或外匯存底越高的國家，央行控盤的力道，就更為強勁。要是某些法人機構不乖，要逆央行的意思，與央行對作，央行可採取各種方法來教訓這些不聽話的小主力。

當然，如果是市場的潮流成形，也就是小主力、散戶們…等都認定是同一方向，央行要馬上逆轉趨勢的可能性就相當低。

不過，基本上，小主力們不會與大主力對著幹，畢竟，跟著大主力的方向，就能吃香喝辣，何必亂搞？ 一個不小心，就很容易被修理到，這樣損人不利己的事情，不是將來想成為一個大戶應該有的觀念。即使這次與央行對做，取得勝利，但長時間下來，終究會被央行修理，得不償失。所以，既然如此，做趨勢單重點就是要跟央行站同一邊，投資人千萬別站錯邊，造成遺憾。

全世界最重要的央行

我們先從做外匯最重要的美國央行，也就是聯邦儲備系統 FED（Federal Reserve System）來說起。

為什麼要從美元談起？ 因為美元是外匯市場最主要的交易貨幣，多數貨幣都跟它有關係，包含商品類及原物料也多以美元進行交易。目前美元在市場的地位仍無法撼動，雖然歐元一直想和美元分庭抗禮，但無奈歐元被自己區域內的經濟拖垮，只能持續位居老二地位。而人民幣雖有慢慢崛起的態勢，但過度人為及決策不夠透明化的情況下，交易市場對人民幣仍有疑慮，細節這邊不談，因為這不是我們操作外匯主要的貨幣。不過相信將來，人民幣在外匯市場的地位，會隨著人民幣逐步開放變得越來越重要。

　　回到美元指數的部分，我們可以看到美元的週線圖，之前打完一個大底後，從2014年7月美元一路上漲，最高曾超過10美元，現在正在94元~98元內狹幅震盪，走三角收斂，相信給它時間，整理完成後，會再出現新的方向。

操作外匯

比想像的還簡單

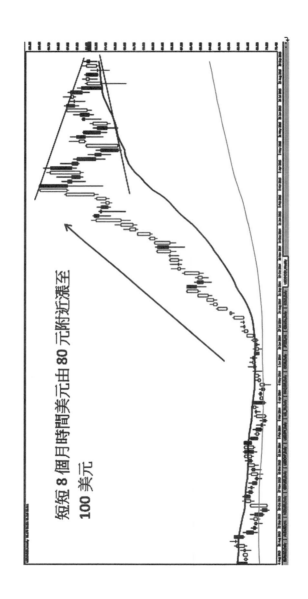

短短 8 個月時間美元由 80 元附近漲至 100 美元

可是美元指數為什麼可以擁有這麼淩厲的一波漲勢呢？ 主要的原因不外乎，FED的兩大政策所導致的。

筆者在外匯的操作上，時常注意各國的央行動向，這與純技術派操作的邏輯有很大的不同。但就操作經驗上，如果能掌握到央行的動向，就可以掌握到該貨幣的方向與趨勢，只要做對趨勢，先不要說有很豐厚的利潤，起碼筆者相信，至少不會做到賠錢的一個狀態。

接著，筆者分享，自己操作的經驗，如何利用簡單的方法，就可以瞭解各國央行的如何引導貨幣的升貶走向。

首先，我們進入到google的搜尋首頁，網址是https://www.google.com.tw/

由於Google搜尋的能力較強，所以一定要這樣操作，避免漏掉重要新聞。

進入首頁後，接著在左上角，點選新聞。

操作外匯
比想像的還簡單

進入焦點新聞後，鍵入 "FED" 開始搜尋

就可以搜尋的到FED的相關新聞

接著，點進各篇閱讀。由於FED的貨幣政策對匯市的衝擊相當大，一定要知道他的政策方向，而且FED都會事先提供預警效果，好讓投資人提早準備不會措手不及。既然我們知道FED政策的方向，就比較容易判斷出美元接下來是要升值還是貶值。

美元的趨勢

回到美元週線走勢圖，美元從2014年7月一路上漲，之前FED的主要新聞為何？筆者帶領大家一路檢視。

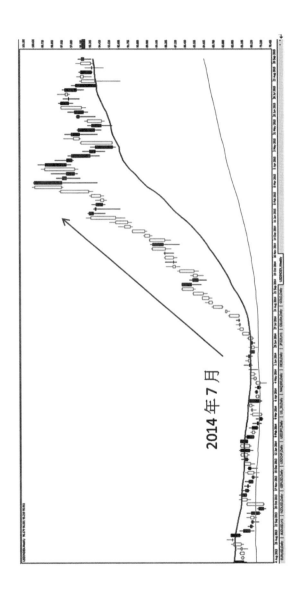

2014 年 7 月

　　其實在2013年9月前，受美國景氣逐步復甦的情況下，FED
就不斷透漏美國的量化寬鬆政策QE將開始進入尾聲，未來購債
的規模，將會逐步降低。FED不斷提醒市場，就是擔心突發性
的變動，造成金融大動盪，所以讓多數投資人，先做好心理準
備，也讓保守型投資人，先行退場。

央行憂心 QE退場釀九級強震

2013-09-06 01:40 | 工商時報 | 記者呂清郎／台北報導

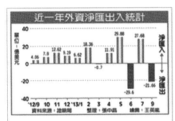

近一年外資淨匯出入統計

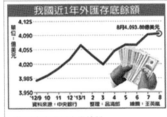

我國近1年外匯存底餘額

美國聯準會（Fed）9月中旬利率會議後，量化寬鬆（QE）退場方式可能明朗化，中央銀行官員昨（5）日指出，如果美國對QE採一次縮減，將有如「九級強震」，恐怕讓市場哀鴻遍野；但如果是分次當家作主減，讓能量慢慢釋放，就有如「一、二級規模」的地震，不必太擔心。

央行將於26日、即Fed會議隔周召開第3季例行理監事會議，包括央行總裁彭淮南在內，央行官員對Fed可能動向都十分關切，也沙盤推演各種可能情況衍生的金融市場波動，和央行屆時可採取的因應之道。一般認為，如果QE逐步退場，本次央行理事會可能暫維持利率不變，連九季保持同一水準。

央行官員指出，美國QE一出場就已注定退場的必然結果，就算如市場預期於9月中宣布縮減購債規模，也不算進入緊縮期，只是回歸到出場前的情況。

央行官員指出，觀察目前資金環境仍處於寬鬆，如果QE退場方式是漸進式的，對大環境反而有正面效應，可達到減緩市場衝擊的效果，最怕的是萬一槍隻走火，一次退場，那恐怕會如同「九級大地震」一樣恐怖。

央行昨天公布8月外匯存底僅微幅增加不到3億美元，主要原因之一便是QE退場效應帶動外資匯出，如統計5月22日Fed主席柏南克首度釋放QE可能縮減的訊息，一直到8月底止，新興貨幣包括印度盧比、印尼盾、巴西里爾對美元匯率都貶值逾兩位數，其中印度盧比貶幅16.84%，造成印度外匯存底從2,616億美元驟減逾百億美元至2,505億美元。

央行官員指出，「水能載舟、亦能覆舟」，先前因美國QE引發熱錢搶進新興市場，但錢「怎麼來，就會怎麼出去」；相較受傷最重的印度、印尼，台灣在熱錢攻擊下相對穩定，主要是雙印為經常帳赤字的國家，台灣則基本面穩健，經常帳上半年也有248.6億美元的順差，預期QE退場對台灣的衝擊應相對有限。

資料來源：工商時報

操作外匯
比想像的還簡單

直到2013年12月，FED正式縮減QE規模

財經新聞 〉 多空贏家 Fed縮減QE 美債跌勢幾成定局 ▼

[f] 分享到FB　[Q+] 分享到g+　[P] 分享到Plurk　[✈] 分享到Twitter

多空贏家 Fed縮減QE 美債跌勢幾成定局

2013年12月20日 [🔊傳送]　[f 訊]{2}　[G+1]{0}　　更多專欄文章

美國債券市場延續走跌！12月19日台北時間凌晨3點美國聯準會（Fed）意外表示，將每月資產購買規模削減至750億美元，其中美國公債將由450億美元減至400億美元，MBS則由400億美元減至350億美元。

雖然縮減資產幅度僅100億美元，且表明縮減量化寬鬆（QE）並無預設目標，但市場仍掀起驚濤駭浪，美國10年期公債殖利率急速上漲5個bps至2.89%，倘若美國經濟持續復甦，可能再度形成美債價格走勢壓力，這是否帶來進場布局的契機？可以從下面向來探討。

蘋果日報 推特 快來追隨我啊

經濟數據續好轉

隨著美國經濟持續復甦，早在2013年6月，聯準會主席柏南克即在FOMC會後記者會明確提及縮減購債規模的議題，在今年最後1次利率決議上，也正式宣布將於2014年開始縮減購債，引爆債券的拋售。

據最新數據顯示，美國11月新屋開工暴增22.7%至109.1萬棟（年增29.6%），創下1990年1月以來單月最大增幅，營建許可也升至5年來高點，透露房市復甦活動尚未冷卻，加上CPI持續成長且工業生產數據好轉，提高未來幾個月仍將持續減碼QE的可能。

另外，美國參議院以64票贊成，36票反對通過預算協議，其允許未來2年美國政府支出可增加630億美元，避免未來2年內美國再度發生關門困境，也緩解2013年3月的全面自動減支方案帶來的部分壓力，這次利率決議聲明中也表示，財政政策對經濟成長的下行風險

資料來源：蘋果日報

FED新主席葉倫，在2014年2月時，告知QE將在Q3時正式退場

經濟日報：葉倫：QE秋季完全退場

http://www.cdnews.com.tw 2014-02-28 07:56:51

經濟日報28日頭條新聞全文如下：

美國聯準會（Fed）主席葉倫27日出席參議院聽證會時表示，通膨低迷讓Fed有空間追求完全就業，維持寬鬆的幣政策一段時間仍很適當，但她也說，Fed的債券收購措施可能會在秋季結束。

美股道瓊工業指數盤初應聲小漲。

葉倫說，在她11日出席眾院聽證會後，一些發布的數據都顯示支出比分析師預估還少，這部分可能反映天候不佳。但現在很難判斷具體影響。

葉倫說，她和Fed官員未來數周和數月將關注數據透露的訊號，以了解復甦的進展步伐是否和她們之前的預期相符。

葉倫這場參院聽證會原訂13日舉行，但因暴風雪而延至27日。

她說，只要經濟持續朝Fed預期般復甦，將繼續縮減買債規模，Fed也無意迅速縮減資產負債表規模，Fed不必出售資產，仍有許多其他可運用的工具。

葉倫這次預先準備的證詞跟11日出席眾院聽證會時一模一樣，重申Fed可能持續縮減貨幣制激規模，收購債券調並不在「預設路徑」上，並預測今年經濟和就業將溫和成長。

葉倫在證詞中表示，Fed在未來的決策會議中，可能以更為慎重的步調，縮減資產收購規模。

她也重申，只要失業率仍高於6.5%、通膨展望不超過2.5%，Fed將維持低利率政策。

她說，勞動市場復甦仍「遠未完成」，她和其他Fed決策官員都預期，經濟活動和就業今明兩年將溫和擴張，失業率將繼續降至長期可持續的水準，通膨未來幾年也將漲回2%。

葉倫也說，財政政策過去幾年都相當緊俏，也嚴重拖累美國經濟支出，財政包袱今年雖可望大幅減輕，但仍會產生部分壓力。她說，經濟正開始復甦，希望財政政策不要造成傷害。

資料來源：經濟日報

正式退場後的QE，表示美國不再印鈔票來購買債券，美元就沒有再貶值的必要性，也由於美元指數打出底部，那麼接著美元升值的機會就會偏高，只等技術面正式突破底部80元關卡後，多單就可以設好停損先行進場。

也由於筆者知道FED的政策與動向，其實不是有多厲害，而是持續有在關注央行政策的改變，就能瞭解貨幣的升值貶值。只要每天搜尋新聞，再加上配合技術面的轉強，就容易掌握到在相對低點進場。

接著，FED陸續停止QE後，為美元指數持續帶來上漲的走勢，加上減債後的FED，接下來要施行的策略，就是升息。

既然要升息，資金會回流至美國，所以美元的升值的幅度，可能就會比單純只將QE結束，讓貨幣正常化的部分還高，等於對美元升值，是有雙重的利多加持。

預計升息的期間，當初設定是在2015年初。

美Fed官員預測：2015年開始升息

2013-12-25 01:09 | 工商時報 | 記者吳慧珍／綜合外電報導

　　美國聯準會上周決議明年1月起，將每月購債規模縮減100億美元，但達拉斯聯邦準備銀行總裁費雪（Richard Fisher）周一透露，他當時在會中曾表示應減少200億美元。至於何時升息問題，里奇蒙總裁雷克（Jeffrey Lacker）預期時間點在2015年初，而且年底前利率會調升至2%。

　　聯準會（Fed）確定於明年初啟動量化寬鬆（QE）減碼後，何時全面退場及升息是接下來的關注焦點。

　　雷克周一接受美國財經電視台CNBC節目《Squawk Box》訪問時表示，他認為Fed應會於2015年初調升聯邦基金利率，且在該年年底前，利率會升到2%。

　　雷克指出，他雖將升息時間預設在2015年初，但還是有可能出現變數。他也強調自己預測的聯邦基金利率水準雖在所有Fed官員中排第3高，不過依舊會視經濟情勢變化做修正。

　　雷克肯定Fed明年1月起縮減購債的決定，就像抓準時機「灌籃得分」，他認為Fed往後每次集會都會再縮債100億美元，以此作為決策基準，但仍會依經濟數據結果，來決定是否暫停縮債或擴大減碼規模。

　　此外，達拉斯聯邦準備銀行總裁費雪周一接受《福斯財經新聞網》（Fox Business Network）專訪，他透露在上周Fed決策會議上，力主每月縮債幅度應達200億美元，可惜無法說服其他同儕。

資料來源：工商時報

　　美元一路狂升，到2015年3月初抵達高點107美元附近，此時漲幅早就過高。直到FED宣佈升息時間確定為今年6月或9月，市場才開始進行獲利了結。基本上，這時只代表升息時間延後，但升息的方向仍是不變，雖然美元指數開始進行下跌，但以政策的角度來解讀，只能視為回檔，而不是全面的轉空，所以接下來的操作上，就可以採取低進高出的策略，做高檔的橫盤震盪，直到升息至1%~1.25%時，要注意美元指數可能利多出盡，甚至反轉，因為利多都是事先反應，在未達之前，都應該持續採取低進高出策略。而且，不建議採高空低補的策略，因為這違背目前FED的政策趨勢。

　　當然，震盪盤做得好不好，就看個人功力，基本上，筆者自己做震盪盤的程度也不見得比散戶厲害，除非已經可以劃出趨勢線，才會有比較好的切入點，但那起碼得出現3點以上所畫成的趨勢線才會比較有把握。

Fed升息時間 可能6月或9月

＋ 🖨 ✉ ｜ 🅿 G+1 {0} 🐦 Tweet {0} f 訊 分享 {8}

2015-03-01

〔編譯楊芙宜／綜合報導〕繼美國聯準會（Fed）主席葉倫日前出席國會聽證之後，副主席費雪二月廿七日也接著發表升息看法，他強調，儘管經濟後續情勢將影響升息的時間點，但目前看來，聯準會最有可能於今年六月或九月升息，為美國邁向下半年升息及緊縮貨幣政策鋪路。

費雪在紐約的貨幣政策論壇上表示，他不認為目前存在升息時間說法僅強調六月、而不調九月，若從聯準會官員和投資人的看法判斷，「六月或九月可能性最大」。

他說，不同情況可能會改變上述假設，但聯準會官員會根據證據來做決策。

葉倫暗示升息前 會先改變前瞻指引

葉倫針對美國二〇〇六年來的首次提高利率展望，上週開始讓市場做準備。她在美國國會聽證時暗示，央行在升息前會先改變利率前瞻指引，拿掉「耐心」一詞，意味此後的任一會議，都可能開始啟動升息。

費雪廿七日接受財經媒體CNBC訪問時表示，聯準會升息相當大的可能性會落在「今年」，因為美國已「非常接近」其完全就業的目標，而在低油價的衝擊逐漸消失後，通應會回升。

費雪說，「我們太習慣近乎零的利率是常態，但這種情形，其實離常態很遠」。

同天，紐約聯準銀行總裁杜德利指出，在何時或多快升息的問題點上，有些理由值得注意，包括：通膨仍低，預期在一段時間內仍將低於聯準會二％目標，且二〇〇八年全球金融危機後仍留下一些不利美國經濟的因素。

市場估不急升息 美公債殖利率下跌

另外，高盛集團哈齊亞斯、美銀哈里斯等經濟學家研究報告顯示，聯準會應延後首次升時間，然後再以更大幅度提高利率，來推動利率正常化。

資料來源：自由時報

目前受8月人民幣貶值救經濟的影響，顯示中國大陸經濟趨緩GDP無法保7%。

造成9月FED將舉辦的聯邦公開市場委員會FOMC (Federal Open Market Committee)會議仍不敢升息，持續觀望經濟數據。且加上9月份的非農數據遠低於市場預期的20.1萬，僅僅只有14.2萬。所以市場預估FED最有可能升息的時間會落在2016年的3月。

目前仍看高檔震盪，預估持續升息前可能會先上再下，要看美元是否持續升息？為美元持續帶來升值的利多。且歐元區及人民幣若持續轉弱，那麼整理完後續漲的機會就高，不過因為美元指數已經相對高檔，漲勢恐怕無法像之前一樣凌厲。

由於美元基本面仍偏多，但仍需技術面來配合，正式突破三角收斂的壓力線後，才可再度進場做多，否則仍維持之前所說，做高檔震盪，低進高出的策略，多單部位可先減碼，等待FED正式升息後的市場變化。

歐元的趨勢

歐洲央行

歐洲中央銀行ECB (European Central Bank)，簡稱歐洲央行，總部位於德國法蘭克福，創立的時間是西元1998年6月1日，是接續原本歐洲貨幣貨幣管理局EMI (European Monetary

Institute)的取代機構。

現任歐洲央行行長為馬裡奧‧德拉吉，由6位執行董事成員，共同為歐洲央行政策制定相關策略。

ECB轄下目前包含27個歐盟成員的中央銀行，配合執行董事制定的策略，主要負責執行歐元區的貨幣、匯率以及利率政策。

跟之前一樣，利用google搜尋，鍵入"ECB"與"歐洲央行"，就可以觀察出ECB的政策與方向。

操作外匯
比想像的還簡單

Google ECB 🎤

網頁　新聞　圖片　影片　地圖　更多 ▾　搜尋工具

約有 8,160,000 項結果 (搜尋時間：0.28 秒)

 歐元區製造業前景堪憂Markit：ECB加碼寬鬆的壓力十分沉重
鉅亨網 - 2015年10月1日
市場普遍認為歐洲央行(ECB) 將必須加大寬鬆的力道。 歐洲央行(ECB)
自三月份以來，即以每月600 億歐元的規模在次級市場中購債，以提振
通膨率 ...

ECB刺激經濟隨時出手
聯合新聞網 - 2015年9月19日
歐洲央行（ECB）執行理事普雷特（Peter Praet）表示，若通膨展望面臨風險，ECB將毫
不猶豫立刻展開行動，但分析師強調，若ECB加碼寬鬆貨幣，...

ECB副總裁：還有購債空間
聯合新聞網 - 2015年9月16日
歐洲央行（ECB）副總裁康斯坦蕭（Vitor Constancio） 16日指出，美、其等國央行也推
出量化寬鬆計畫（QE），但歐版QE在比例上小於其他國家，因此 ...

ECB擬擴大QE 歐股強彈
中時電子報 - 2015年9月3日
歐洲央行（ECB）週四決策會議，調降歐元區經濟成長與通膨預測，該
央行總裁德拉吉（Mario Draghi）在記者會強調，鑒於經濟情勢可能惡
化，ECB有 ...

聯合新聞網　歐元區QE計畫ECB：有必要會延長│聯合影音
聯合新聞網 - 2015年9月3日
深入瞭解 (還有 130 篇報導)

ECB暗示擴大寬鬆，歐元重挫！
MoneyDJ理財網 - 2015年9月4日
隨後歐洲央行(ECB)加預期維持利率在紀錄低點不變，並繼續實施印鈔
計畫提振歐元區經濟，但ECB總裁德拉吉於會後聲明強調歐元區經濟增
長溫和 ...
鉅亨網

ECB貨幣寬鬆效應已到頂？ 結構改革方為出路
DIGITIMES - 2015年9月29日
自從美國聯準會(Fed)於9月17日宣布暫緩升息後，遠在大西洋彼岸的歐洲央行(ECB)可以
自滿的表示，該行庫所調配的貨幣政策比美國版來得有效。自從3月以來，歐洲 ...

歐元兌美元的週線圖

　　一路走貶，從2014年5月初的1.399一路貶到2015年3月低點
1.049，總共貶了將近10個月，貶幅高達 (1.399-1.049) x 100% =
25.02%。目前正在低檔打底震盪。

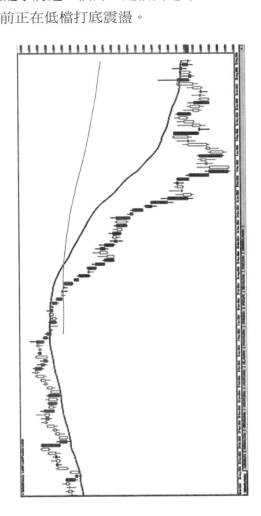

回顧2014年5月前的新聞消息

2014年2月消息，歐洲區經濟狀況不佳，景氣可能轉至通縮，預期ECB將採取降息策略來刺激經濟。

歐元區恐通縮 ECB降息在即

2014年02月04日 04:10 記者李鐏龍 / 綜合外電報導 A

點閱 **1923**　　　0 💬　☆ 2/10　我要評比 ⭐⭐⭐⭐⭐

> 歐元區通縮壓力升高，部分觀察家預期歐洲央行（ECB）最快在本周四決策會
> 就做出降息決定。歐元飽受壓力，下跌至10周新低，分析師對歐元的展望也普
> 偏空。

針對歐洲央行本周四決策會議，巴克萊預測將會通過調降指標短率15個基點，
從現有的0.25％降至0.1％，改寫歷史新低，同時也會將收受銀行隔存的計息利
率調降10個基點，即從現有的0％降至-0.1％，成為負利率。

但大多數分析師，像是BNZ外匯策略師馬丁（Kymberly Martin）、資本經濟
公司的經濟學家辛茲（Jessica Hinds），則預測歐洲央行要到下次、即3月決策
會議，才會有所行動。

分析師另指出，新興市場匯價近來的波動，將增加歐洲央行操作政策的複雜度。

上周五出爐的歐元區今年1月消費者物價指數（CPI），年增率意外降至0.7％，
低於市場預測的0.9％及去年12月的0.8％，顯示通縮壓力再度升高。

歐元受壓下跌。歐元對美元周一盤中寫下1.3477美元的10周新低，兌日圓也觸
及137.38日圓的2個月來低價。其後因Markit公布的1月份歐元區製造業PMI終
值54.0點，創下2011年5月以來最高水準，歐元才自低檔反彈。

資料來源：中時電子報

　　2014年4 月初，由於歐洲區通縮危機逐步升高，ECB將採低率政策很長一段時間。德拉吉並暗示未來有推出QE的可能性。

　　所以歐洲央行其實已經在4月預先示警，歐元兌美元在5月初創本波高點後即快速回檔，開始走跌。

ECB利率按兵不動 討論推QE

2014-04-04 01:21 | 工商時報 | 記者林國賓／綜合外電報導

儘管通膨率降到逾4年新低，通縮危機有升高之虞，但歐洲央行（ECB）周四決議按兵不動，基準再融通利率一如市場預期維持在0.25%的歷史低點。

ECB總裁德拉吉在會後記者會上表示，ECB將盡可能保持低利率環境很長一段時間，此次會議並已就推出量化寬鬆（QE）措施進行討論。市場將此解讀德拉吉暗示未來可能推出QE，歐元周四應聲重貶，從1.3760美元跌至1.3714美元，貶0.4%。

此次ECB決策會議已就推出QE進行討論，市場將此解讀德拉吉暗示未來可能推出QE。圖／美聯社

法國巴黎銀行駐倫敦外匯策略師史尼德（Michael Sneyd）指出：「德拉吉雖沒保證未來會進一步寬鬆貨幣政策，但也透露不排除推出QE的可能性，整體評論偏向鴿派。」

ECB周四在決策會議結束後宣布按兵不動，再融通利率維持在0.25%不變，存款利率則維持於0，前項基準利率自去年11月調降後就原地不動，後項則已將近2年沒有調整。

就在歐洲央行宣布利率不變同時，經濟合作暨發展組織公布一份報告指出，歐元區通縮威脅增大，歐洲央行應繼續維持利率接近零的寬鬆政策。

德拉吉在會後記者會上表示：「通膨率預料4月就會回升，通縮風險雖沒下降，但相關風險相當有限，歐元區通膨率今年仍將偏低，明年估計將緩步走升，2016年底可能觸及2%，中長期通膨預期也維持穩定。」

德拉吉還指出，歐元區整體經濟仍維持溫和復甦，為了支撐復甦，「ECB將可能維持高度寬鬆貨幣政策很長一段時間，基準利率也會很長一段時間維持在當前甚至更低的水準，若有進一步寬鬆的必要，ECB將考慮所有可用的政策工具。」

關於未來可用的政策工具，德拉吉並透露，此次會期已就QE進行討論，他表示：「決策理事會已獲得一致的共識，必要時將祭出非傳統的政策工具。」

德拉吉指出，「會議上相關政策工具選項都有進行討論，包括調降再融通利率、調降存款利率與QE。」

資料來源：工商時報

操作外匯
比想像的還簡單

　　2014年9月初，ECB宣佈降息外，如文中所提，將融資利率從0.15%下調至0.05%，把銀行在ECB的存款利率由-0.1%下調至-0.2%；更重要的是將從10月開始購買大量名為「資產支持證券」(ABS)的貸款，以及擔保債券(covered bond)，後者就被視為是ECB的QE。所有政策的核心與目的，就是把錢灌到銀行體系，逼迫銀行放款、增加投資、拉抬實體經濟。

　　這個顯示歐洲經濟狀況不佳，ECB降息又降準且還QE，那麼這時的ECB對歐元的政策，仍然持續看貶。

歐洲央行（ECB）在上周降息並宣布將啟動QE（量化寬鬆），以挽救衰退中的歐洲經濟。但如果沒有各國政府財政政策的支持，及進行長期經濟結構的調整改革，即使祭出QE，歐洲經濟恐怕仍難脫困。

> ECB上週把基準主要再融資利率從0.15%下調至0.05%，把銀行在ECB的存款利率由-0.1%下調至-0.2%；更重要的是將從10月開始購買大量名為「資產支持證券」(ABS)的貸款，以及擔保債券(covered bond)，後者就被視為是ECB的QE。所有政策的核心與目的，就是把錢灌到銀行體系，逼迫銀行放款、增加投資、拉抬實體經濟。

效果呢？融資利率從0.15%下調至0.05%，在歐元區已掉到流動性陷井的今日，息已經無法激勵投資，因此不會有實質效果；對銀行把存款轉存ECB者，增加懲罰性的「手續費」（就是所謂的負利率），的確可以降低銀行把存款轉存ECB的誘因，但如果實體經濟沒起色，錢還是放不出去，銀行只可能把存款放到其它地方。

至於最受市場矚目的QE─即收購債券部份，目前宣布的購債僅限於民間債券，規模亦不清楚。收購民間債券，的確有助把不良債權從銀行的資產負債表上剝離開來，讓銀行有能力增加對民間企業的貸款，只要投資增加，經濟就可逐漸脫困。

但有能力貸款不代表就能順利把錢借出去，如果民間企業對經濟前景看淡、不願也不敢投資，最後還是不會有資金需求，這招還是難竟其功。

資料來源：風傳媒

　　直到2015年4月下旬，ECB總裁德拉吉已經警告市場，不要再放空歐元，否則會遭到修理。這時的歐元正式從底部觸底反彈，到現在為止，再也沒有跌破之前歐元兌美元1.0461低檔區。

ECB總裁：放空歐元無意義、不信的人可以試試看

2015/04/20 06:34　　　　　　　　　　回應(0) 人氣(3688) 收藏

MoneyDJ新聞 2015-04-20 06:34:16 記者 賴宏昌 報導

彭博社報導，歐洲央行(ECB)總裁德拉吉(Mario Draghi)18日在華盛頓參加國際貨幣基金組織(IMF)會議時對媒體表示，希臘應盡速與債權人達成協議，以避免金融危機進一步惡化並消除外界擔心希國可能退出歐元區的疑慮。

ECB管理委員會委員、立陶宛央行總裁Vitas Vasiliauskas 18日在華盛頓受訪時表示，ECB應該在夏季前開始討論是否應該繼續透過緊急流動性協助(ELA)協助希臘銀行業。消息人士表示，只要希臘總理Alexis Tsipras願意履行關鍵條件，主要債權人還不準備放手讓希國退出歐元區。

英國金融時報報導，德拉吉18日表示放空歐元是沒有意義的、不相信的人可以試試看！他說，相較於2010、2011以及2012年來說，ECB現在擁有更多工具，包括未用過的直接貨幣交易(OMT)以及目前進行中的量化寬鬆(QE)。不過，德拉吉也承認危機加速惡化、歐元區將進入一個未知的領域。

美國財長Jack Lew 17日表示，希臘若全面陷入危機，歐洲、全球經濟將面臨新的不確定性因素，金融市場對希臘債務違約的反應為何根本不可能事先預測。

countingpips.com報導，美國商品期貨交易委員會(CFTC)統計顯示，3月31日當週甫創歷史新高的歐元淨空單部位連續第2週呈現縮減、自215,258口降至212,347口。

英國電訊報18日引述希臘消息人士談話報導，Syriza將在下週與俄羅斯簽署協議。報導指出，希臘將同意讓俄國天然氣管經由土耳其、希國連結至歐洲，藉以換取350億歐元的預付款項。

資料來源：MoneyDJ新聞

　　基本上，就筆者本身自己操作的經驗上，央行在貨幣策略的操作上，有一定的方向，掌握央行的政策及目的就可以掌握貨幣升值或貶值的方向。雖然在短線上，可能無法馬上實現，但長時間下來，幾乎都有一定的精準度。

　　至於其他央行，如日本央行BOJ（Bank Of Japen）或是澳洲儲備銀行RBA（Reserve Bank of Australia）……等，解讀方式相同，在該國貨幣的操作上，都具有一定精準度。

　　所以做趨勢的投資人，務必要多看新聞報導，瞭解各國央行的政策與貨幣動向，這樣要在匯市操作，就會變得較為容易。

Tea time

　　基本上，當投資人看到這邊，如果照書本內容操作，持之以恆，要做好趨勢單已經不是問題，只差資金控管與加減碼的部分要控制好，那麼邁向獲利之路，就不再是遙不可及的夢想。

　　如果投資人以趨勢操作為主，可以直接跳往本書的第六章資金控管與加減碼的習慣養成P.133頁，瞭解資金控管與加減碼的觀念後，就可以開始操作趨勢單。當有空閒時間，再回來繼續閱讀操作技巧的部分即可。

第三章

K棒實務操作技巧

第一節　K棒原理

首先，要先瞭解K棒呈現出來的強度，筆者認為每根K棒，都代表它背後的意義，所以要先觀察每根K棒狀態、出現位置還有時間，做綜合判斷，才能夠得出目前市場多空的氛圍。

K棒的基本結構以分為上、下影線以與中間的實體部位。K棒是由開盤價、最高價、收盤價與最低價所組成，只要收盤價高於開盤價，則以紅色K棒表示；反之，要是收盤價低於開盤價就以黑色K棒來表示。

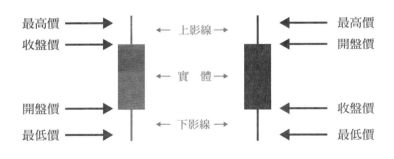

最高價　　上影線　　最高價
收盤價　　　　　　　開盤價
　　　　　　實　體　　
開盤價　　下影線　　收盤價
最低價　　　　　　　最低價

陽線、紅K　　　　　陰線、黑K

原則上，今天出現紅K，表示在多空交戰的過程中，多方屬於勝利的狀態；反之，要是出現黑K，則顯示空方獲勝。

但上下影線的長短，也顯示今天多空曾經攻擊的力道與狀況，筆者的觀念，多空可以不發動攻擊，一旦發動攻擊，就要成功，否則留下過長的上影線或下影線，都顯示攻擊方失敗，尤其在漲多或跌多的行情中，短線被反轉的可能性就會提高。

第二節　單K力道強弱的原理

我們可以從下圖的紅K柱狀體與上下影線的長短瞭解到，這根紅K的力道如何？

筆者在這裡做了些簡單的分析，供投資人來做參考。

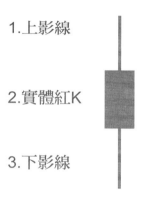

1. 上影線

2. 實體紅K

3. 下影線

出現下列狀況時，可以簡單的邏輯與觀念靈活操作

＊ 1 > 3 > 2 多方力道受挫

當上影線站整體紅K的部位最大時，表示多方今天有發動攻勢，不過高檔追價不足，反而受到空方反進行壓制，就實務經驗上，其實比較多是多方獲利了結的出場單所造成。不過雖然多方獲利回吐壓制盤下，好險下影線部分長度也不算低，顯示市場不願追高，但低檔支撐仍算強勁，所以最後走出一個上影線比下影線長，下影線比實體紅K部分長的一根紅K棒。

＊ 2 > 1 > 3 多方較佔上風

當紅K的部位最大時，表示今天多方攻城掠地成功，一步步擊潰空方防守價位，是紮紮實實的壓制空方。且實體部位若能大於上影線2倍以上，那麼，這根紅K多方仍優勢中。如果下影線的部位越小，甚至沒下影線的話，顯示空方只能防守高檔，在高檔進行防守戰，尚無餘力發動攻擊，使紅K產生下影線。

＊ 3 > 1 > 2 多方小遇賣壓

當下影線部位最大，表示空方曾經發動攻擊，不過攻擊失敗，低檔多方買盤支撐強勁，所以多方防守成功。隨後，多方也發動上攻，但也出現上影線部分，雖然上影線部位比下影線部位還來的小，但起碼多方還有試圖攻擊，要是這根紅K上下影線都很長，那麼表示今天多空交戰激烈，且由於實體部分是紅K，所以多方略勝的格局，但解釋上，應傾向為多方整理格局才是。

＊ 2 > 3 > 1 多方偏強勢

當實體部位最大，是更有利於多方，因為攻擊拳拳到肉，多方持續獲勝中。且本例的下影線部位還大於上影線，那麼多方屬強勢格局，空方有被擊潰的態勢，在打底完成或橫盤整理的格局，壓縮到最後，出現這種單K，絕對是非常好的切入點。

接著，我們來看黑K的部分，從下圖的黑K柱狀體與上下影線的長短瞭解到，這根黑K的力道如何？是不是轉弱？ 是不是有要先出場的疑慮？

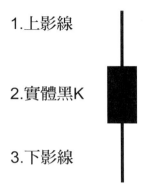

1.上影線

2.實體黑K

3.下影線

＊ 1＞3＞2 空方較佔上風

當黑K的上影線部位佔整個K棒是最大部位的時候，顯示多方攻擊失敗，增加更多的套牢量，這對多方來說，不是一件好事。好險的是起碼下影線部位雖小於上影線，但顯示低檔尚有買盤支撐。不過要是上影線部位大於下影線部位2倍以上，且實體部位雖小於下影線但也沒小於下影線多少時，這時空方就很佔上風，尤其是出現在高檔，多方需小心短線有回檔疑慮，若是出現在下跌過程，則多方反擊失敗，續跌機會很高。

＊ 2＞1＞3 空方偏強勢

黑K的實體部位最大，代表空方力道相當強。若趨勢偏空，出現這種狀況，長黑的幅度通常會大於長紅，因為跌勢通常比漲勢還來的強勁。當下影線部位非常小的時候，甚至也沒有上影線的部位，若是超級長黑，基本上，單K就可以逆轉整個趨勢，此時應轉空單進場，順勢獲利。

＊ 3 > 1 > 2 空方力道受挫

下影線的部位較長，顯示這根黑K空方曾發動攻勢，殺低之後遭遇多方抵抗，多方低接買盤強勁，能將空方跌勢化解，也可能是短線殺多的空單獲利出場所造成。但由於上影線仍大於黑K實體部位，所以多方也無力再攻，只能做低階的撐盤防守，若是上影線部位很小，加上K棒大跌一段，那麼才有可能是多方準備反彈的徵兆，否則，仍偏空方的整理盤，後續再續跌的機率仍大。

＊ 2 > 3 > 1 空方遭遇抵抗

實體黑K部位大於下影線，但下影線大於上影線，表示空方控盤中，所以實體部位較大，但若出現這種K棒，雖實體部位最大，但若只是個小黑K，而且趨勢仍偏多時，才能視為整理盤，整理完成後，多方有機會再攻。若實體黑K部位相當大，那麼多方就得調整看法，轉趨保守看待。

從本節主要分享的上、下影線與實體部位的變化，依照多空攻防所產生價格形成的K棒結果，若能多多體悟且善用經驗，可以清楚且快速的分析出單根K棒的強弱，在用來觀察原本波段的方向是否改變，再有其重要的參考價值。

第三節　紅K棒強弱的比較

　　瞭解到紅、黑K的強弱判斷方法後，筆者這邊做了個簡單且完整的整理，可以讓投資人快速的分辨紅K棒的強弱。

　　我們先從紅K的部分開始，以下圖為例，最左邊的紅K多方力道最強，依次排序到最右，右邊的多方力道最弱。

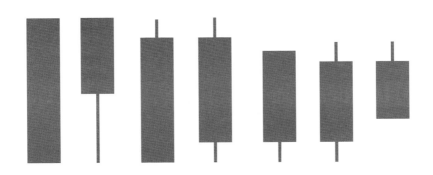

長紅棒(左一)

　　多方最強的單K型態，屬強烈漲勢，用來表態多方發動或突破壓力區使用。由於沒有上影線，價格收最高，空方被多方完全擊潰，後續再漲機率相當高，且有一定漲幅。

下影線紅K(左二)

　　與長紅棒一樣，價格收最高，也屬強烈漲勢。較早時間曾出現洗盤動作，通常發生在假破底的情況下，出現這種正常情況會先走反彈，有時狀況好，會出現波段的低檔回升。

小上影線長紅K(左三)

多方攻擊力道很強,收盤雖然沒收最高價,收次高,但實體紅K部位也很大,仍是多方控盤,後續可期。

帶小上、下影線中紅K(左四)

也是屬多方表態的攻擊態勢,不過因為帶了上下影線,所以多方的力道較前面幾種稍弱了點。

帶小下影線中紅K(左五)

收盤收最高價,多方仍在上攻狀態,通常發生在已經上漲一定幅度的情況下,屬慢慢墊高的整理盤。

帶小上、下影線小紅K(右二)

屬整理格局,多方略勝的整理格局。

帶小上影線小紅K(右一)

也是整理格局,多方略勝的整理狀態。

當我們在操作外匯的時候,在關鍵價位或日子出現所謂的長紅K棒,通常表示,行情將轉由多方展開攻擊,如果又是在趨勢偏多的時候,應該勇敢進場,跟隨方向。

如下圖,長紅K的應用,在EUR/USD的多方趨勢中回檔,跌至相對低點,出現的第一根長紅,投資人務必馬上快速切入,因為很可能買到最低的價位,且因為趨勢偏多,所以通常會伴隨著連續上漲,接著投資人就可以馬上就開始享受獲利的甜美果實。

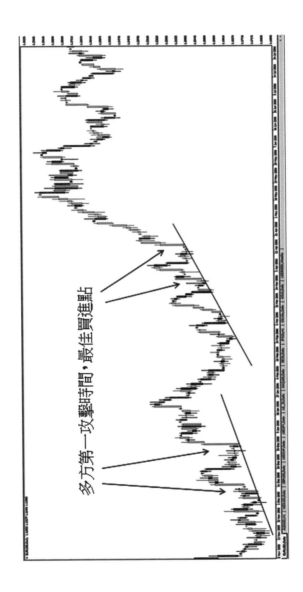

下圖是USD/CHF日線圖，已經進入整理末端，需要密切觀察，等待最後出現一根長紅表態，才是好的進場點，因為壓縮到最後，多空鹿死誰手還未見分曉。空方尚有最後一息尚存的機會，會死命防守高檔壓力區，如果多方要擊潰空方，請主力拿出實力來，做出一根長紅來表態，且要突破壓力線，否則持續觀望。

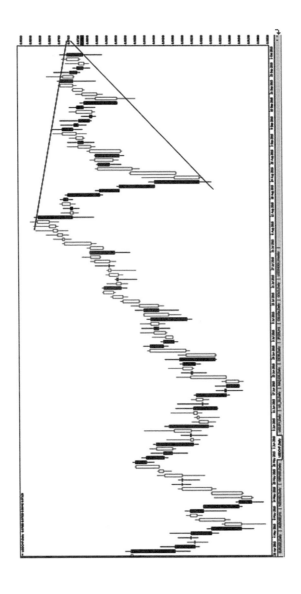

第四節　黑K棒強弱的呈現

接下來，筆者分享黑K棒的強弱狀態。如下圖，從左邊排起，是最強勢的空方力道，依次排序由左往右排列，右邊的空方力道最弱。

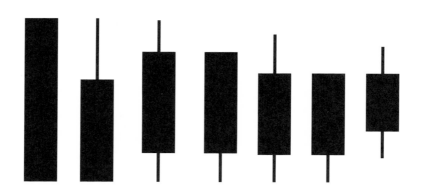

長黑棒(左一)

空方最強的單K型態，屬強烈跌勢，用來表態空方發動或跌破支撐區使用，出現這種黑K，收盤價格跌到最低做收，顯示空方氣勢很強，多方無力招架，後續再跌的機率相當高。

帶上影線長黑棒(左二)

多方早盤發動攻擊失敗，新增不少套牢賣壓，通常是在追價量不足的情況下發動，且低接買盤不繼造成的結果，出現類似多殺多的狀態，再加上價格收在最低，屬空方完全控盤的下跌K棒。

帶小上、下影線中黑棒(左三)

早盤多方試圖發動攻擊，但追加力道不足後造成的殺盤，最後在相對的低點位置部分空單獲利回補，所以價格沒收到最低。基本上，空方換回現金，隨時可再進行壓盤，屬空方持續控盤的操作格局。

帶小下影線中黑棒(左四)

開盤開在最高後，隨即開始下殺至尾盤，直到殺不下去後空單先行獲利出場，仍屬空方控盤中。

帶小上影線中黑棒(左五)

實體黑K部位較小，不過由於帶上影線，仍套牢部分多方籌碼，需有長紅突破來做化解空方力道，否則持續走跌機會高。

帶小下影線小黑棒(右二)

實體黑K部位左四較小，狀況其實差不多，只不過空方力道較弱點而已。

帶小上、下影線小黑棒(右一)

屬空方略勝的整理格局。

空方的進場，最好是在空方趨勢的情況下，待多方拉高至反彈的高點，遭遇壓力區的時候，出現長黑殺盤，就是非常好的空點。一旦空方看對，要務必抱牢，因為下跌的速度相當快，如果尚未出現底部訊號，若手中空單提早獲利了結，常追不回來，因為盤勢不一定會有反彈機會可以再下空單，這部分與多單不同，多單出錯，正常情況下，追回來的價格也不會差太多。

如下圖，EUR/USD長黑K的應用，由於歐元兌美元長線是在偏空趨勢，雖然中線已經在進行打底，所以主要作法也是等拉高後出現長黑，空單才會進場。

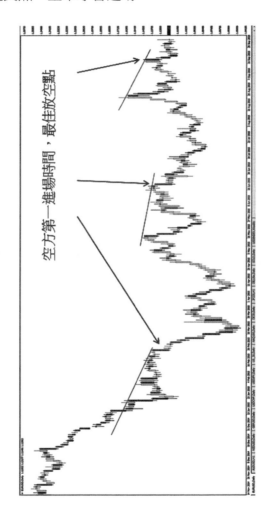

　　如下圖，目前EUR/USD也正在走最後的三角收斂，還不確定短線方向，不過整體趨勢較為偏空，但中線偏多，若是正式跌破1.11價格附近平臺低點，且用長黑摜破，顯示空方主力殺盤的決心，這時應跟隨主力馬上空單進場，並嚴格設好停損，等待獲利。

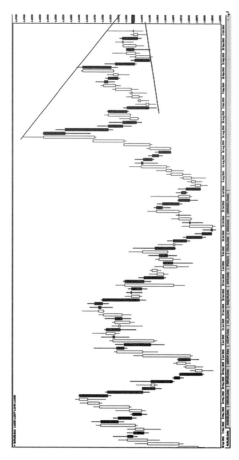

實戰關鍵的組合K

瞭解單K的強弱分析後，接著當然是要從組合K來判斷盤勢的強弱，當組合K出現偏多或偏空狀況，在判斷及勝率上都會比單K來的容易許多。

不過投資人務必先注意當組合K趨勢在反轉時，原趨勢一定會有轉弱的跡象。當組合K線確定出現反轉型態，可先將趨勢獲利的部位進行減碼，或是加反向單進行鎖碼，但不一定要馬上建立反向部位，因為組合K出現的反轉，不能算是型態等級出現的反轉，起碼要有型態等級出現反轉，比如說W底、M頭……等，才會考慮加反向單。

第一節　好用的偏多組合K

筆者這邊分享一些好用的多方組合K，不過部分組合K有些專業名詞，我這邊也沒辦法牢記，因為名詞太多。這邊主要是看K棒的組合是否類似，在尋找低點進場的時候，勝率比較高，所以請讀者們務必體諒，不要太在意相關的名詞部分是否正確。

1. **T型反轉**：在下跌一大段後，出現的組合K種類，實體紅、黑K皆可，實體越小越好，下影線越長越好，不能帶上影線，要收最高，且下影線最少要大於實體部位3倍以上，才表示這邊支撐強勁，短線有扭轉空方力道機率較高。

2. **晨星：**設好停損可搶短多，由於之前趨勢偏空，持續下跌，
   但跌幅累積到一定程度後，出現所謂十字線，表示這邊多空
   力道均衡。換句話說，就是之前空方的勢力轉弱多方轉強，
   才有辦法收十字線，所以此時，可以先進場做多。不過，這
   並不是多方轉強的訊號，只能算空方轉弱，所以只能先看反
   彈，不能過度偏多，除非是之前的長趨勢偏多，這波下殺算
   中線回檔才可以轉強看待。

3. 打出短底的下影線紅K：之前趨勢偏多，在收斂完成未破低
點，並連續出現小紅K，多方扭轉局勢要發動前，還做了一
根帶長下影線的T字，算是最後發動前的洗盤，可在這根收定
當下，用收盤價直接進場，並設本波低點做為停損即可。

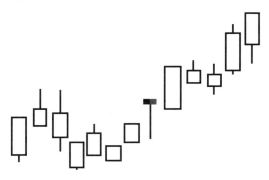

4. 均線糾結突破長紅K：當均線在低檔糾結，表示盤勢正在震
盪，尚無法確定多空，不過壓縮到最後由一根長紅K向上突
破3條均線糾結，且讓均線向上展開，多方終於表態。既然
多方已經表態，正常情況下，這根紅K的低點，不能再被跌
破，否則會有假突破的可能，進場做多嚴設紅K最低點做為
停損點。

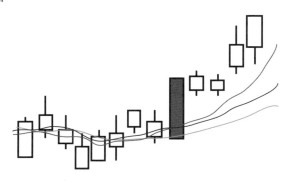

5. **紅黑相間的多方炮：**發動長紅上漲後，就在沒跌破長紅低點，雖然一根紅K後搭配一根黑K，但紅K幾乎都可以把黑K吞噬，且價格緩步向上挺進，這種緩步墊高的盤，若是處在多頭勢的情況下，會走緩步誘空且軋空，最後很可能會走出向上噴出的一波後結束。

6. **連續拉抬的紅K：**持續墊高，且均線再配合黃金交叉的話，漲勢可期。

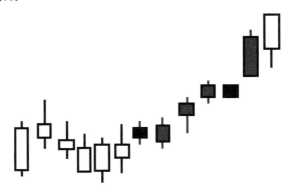

7. 雙並紅K：

在上漲初期，出現跳空突破的紅K，結果隔天開低不但沒往下跌破，還向上與上一根紅K並排，且收在上一根紅K的收盤價附近。這兩根紅K奠定多方防守的價格，開盤價、實體部位、收盤價，位置都差不多。

8. 上升三法：

先出現1根長紅K後，後面不管幾根黑K，都不會跌破這根長紅K的低點，也就是說，長紅K的低點是這個型態的防守點。如果是3根，構成了類似3日孕育線的價格形態。另外，孕育中的小K線可以是紅K，也可以是黑K，不過黑K棒較為常見。連續數個黑K都無法跌破第一根紅K棒的開盤價之下，而最後的一根大紅K可將前數個小黑K線吞噬，表示空方壓盤無力，多方行情正要展開。

另外，可以注意到，通常上升三法中，頭、尾兩根紅K的交易量，通常會超過中間小K線的回檔量，除了兼具洗盤，還有吃貨的意味，那麼正常情況上漲的力道就會更強。

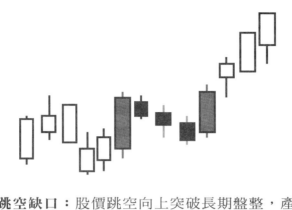

9. **向上跳空缺口**：股價跳空向上突破長期盤整，產生向上缺口，且正常情況下，3天內就會離開跳空缺口區，則預示一輪上攻行情即將開始。不管跳空上來是出現紅K還是黑K，只要缺口沒被回補，都算突破。但原則上出現紅K的機率較高，且也較不會有假突破後又跌落的情況發生。

10. **漲勢分離線**：在漲勢分離的型態暗示市場目前仍屬上升趨勢，第一個實體的黑K仍在上升趨勢中，會讓市場誤以為高檔遇壓，有可能回檔。此時，做短單的人有可能先行獲利了結。不過下一根的紅K卻是跳空開高，且持續上攻，上根黑K出掉的，基本上等於被洗盤洗掉，由於紅K化解黑K的下跌壓力，且價格持續推升，若沒出現什麼意外，只要能不跌破上升趨勢線，那麼就會持續上攻。另外，若紅、黑K分離線的實體部位都很大，那麼上攻的力道就會更強，若實體部位非常小，則較不具備參考價值。

11. **漲勢會合線**：當多方發動攻擊後創高，不應該出現黑K會合，線型上顯示短線有過高調節的跡象，不過主力要是控的很好，雖然下跌，但不會跌前根紅K的收盤價，也就是要在上一根紅K的收盤價之上，在這種情況下，才不會出現蓋頭線的疑慮。所以，接下來3根內，一定要收復這根過高回檔的黑K，且不能跌破會合的上漲紅K低點，否則假突破的機會就會大增。

另外，會合線形態如果出現在上一波過高後的回檔支撐位附近，則多方再攻的勝率會再提高。不過，與分離線不同的是，黑K的實體部位不能過大，否則有破壞格局的可能，就當下的操作上，會很難判斷。

12. **十字孕育線：** 在跌勢中，跌至相對低檔，突然出現長黑或長紅K棒後，再出現十字線，不過十字線的收盤不能低於長黑或長紅K的一半價格，否則有偏弱再跌的疑慮。且十字的下一根，一定要出現上漲的紅K棒，也就是收盤價需高於十字的收盤價，要是再出現下跌，則表示多方防守失敗，直接停損。

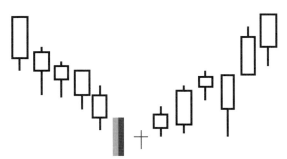

***13.*跳空上漲的整理線：**如果上漲趨勢中，出現了紅K向上跳空
缺口，但第2根卻出現殺低的黑K，這時手中多單是否續抱？
有個重點要觀察關鍵。也就是 a. 跳空的缺口沒被回補，顯
示多方有撐。b. 紅K的量要高於回檔的黑K量，那麼表示黑K
的部分，只是在進行短線調節，並有惜售的味道。

以上的組合K，是筆者在實務操作上，有一定勝率的組合型
式，分享給大家作為參考。不過，由於外匯多屬24小時交
易，跳空缺口會比較常發生在週一，正常情況下日線不太
會連續2天跳空，所以跳空部分可運用在週線，但即使沒跳
空，基本上符合相關型態的K棒走法，一樣具有參考價值。

第二節　高精準的轟炸組合K

　　空頭的K線，與多頭的會稍有不同，主要是因為上漲通常比較緩慢，下跌的速度會相當快，所以在組合K的組成部分，會有其細微上的差異。不過，投資人可以多練習操作空單，因為空單操作的好，正常情況下，獲利的速度會較多單來的快。不過，做錯的時候，被軋忍受的日子就得比較長，即使停損再進場，也可能持續被軋，要找到空頭好的發動點較不容易，有時沒注意到，就發動溜走了，想追也來不及，這是做空比較容易遇到的遺憾。

1. **長上影線：**當長上影線黑K出現在上升趨勢的高檔區，若成交量同步放大，則顯示多單追價積極，但卻被反手出貨，導致高檔反而賣壓沉重，行情很可能回檔或反轉。若出現上影線部位相當長，顯示短套籌碼大增，則空單勝率相對高，可直接進場做空。

2. 高檔長黑K：在上漲行情中，突然出現帶量長黑，且跌破短線上升趨勢，一般顯示市場主力進行調節，後續仍有低點。不過，如果3天內能站上黑K開盤價，那麼空方力道就不夠強，比較偏短多獲利了結所形成的長黑，得轉多或震盪思考。

3. 夜星：當高檔伴隨著十字紅K或黑K後，顯示多方道力竭無法再攻，與空方力道均衡，開始要進行回檔。尤其是高檔的十字黑K，精準度比低檔的十字K還來的高。

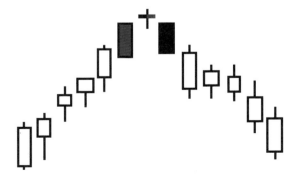

4. 黑紅相間的空方炮： 在下跌趨勢中，長黑K中夾雜著小紅K棒，不過價格卻是慢慢往下，顯示在下跌過程中，雖然不斷遭遇多方抵抗，但仍沒有辦法突破下降的壓力線，價格受到空方慢慢壓制，跌到一定的程度，就會引發多方停損的棄守賣壓。

5. 均線糾結跌破長黑K： 盤頭一段時間後，最後多方無力防守，空方進行攻擊的盤勢，一但殺出長黑，且出現均線往下展開的情況，就是非常好的空點，空單可以馬上進場，通常會有一段不錯的跌幅。另外，要是3天內無法持續下殺，代表追空力道不足，為避免假跌破，停損單要設黑K高點。

6. 連續黑K均線死叉：連續跳空開高後，都出現黑K，顯示受利多消息影響，多單不斷趁開高獲利了結才形成群聚黑K，這邊壓力會相當重，因為是出貨區。直到多單出的差不多又出現黑K搭配均線死叉，那這波跌勢就會因為承受不住壓力而順勢展開。

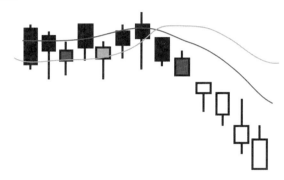

7. 高檔尖兵線：在多頭的上漲趨勢中出現，尤其是已經經歷一大段漲幅後，出現的上影線帶實體黑K。黑K所碰觸的價格越多，表示上影線或實體的部位越大，空方力道就會越強。另外，也需注意的是，3天內黑K 高點不能被突破，畢竟這只有單K的空方力道，而不是型態的空方力道，只要一旦被突破，空單就得進行停損。

8. **2陰夾1陽**：類似空方炮的走法，不過一旦跌破低檔支撐區，
下跌的速度就會很快，與空方炮先走緩跌的狀況較為不同。

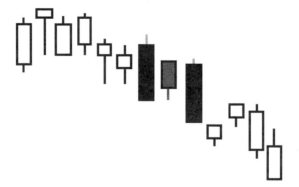

9. **黑K三連星**：高檔出現3根中黑K以上，不但跌破上升趨勢，第三根還出現帶上影線黑K，顯示多方有打算企圖扭轉跌勢，但卻反而失敗，增加更多的套牢，增加持續走跌的機會。

10. **跳空下跌紅黑線K線**：通常出現在一個較為清晰的下跌趨勢之中，突然跳空快速下跌，下一根紅K雖然出現攻擊力道，但卻無法有效回補黑K缺口，顯示多方雖然在低檔承接，但追價力道不足，遇缺口壓力無法突破，後續持續走跌。

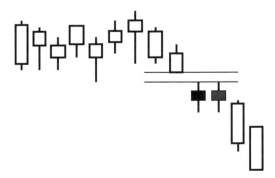

11. 蓋頭反壓線： 出現下列特徵，則偏空的機會就會較大。

    a. 實體黑K部分蓋頭反壓之前一根長紅K的2/3價格，且黑K 的長度要高於紅K，那麼回檔的機率就會較高。

    b. 不一定會伴隨上影線，也就是盤一開高，就是最高點， 隨即開始殺盤。

    c. 如果成交量有放大的一個情況，且出現比前根紅K量還要 大，那麼高檔調節的量更多，要更小心。

    d. 最好的情況下，黑K要收最低價，不可出現帶下影線的情 況產生。

12. 跌勢分離線： 這種組合K表示市場目前下跌的趨勢仍將繼續，雖然有紅K稍微撐盤，但趨勢仍是往下，只要沒有突破下降的壓力線前，仍持續看空。如果之前已經走了一段明顯的下跌趨勢，那麼這有可能是第2段的跌勢。如果分離線形態的紅、黑K棒越長，則持續下跌狀態的可靠性也更進一步增強，對行情的研判更具準確性。

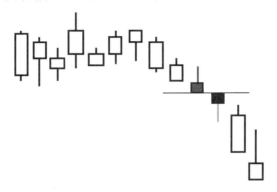

13. 跌勢會合線： 跌勢會合線表示市場下跌的趨勢仍將持續，第1根黑K顯示了空勢持續。第2根紅K最高價僅能收到前一根黑K的收盤價，表示空方勢仍未改變。

出現這種跌勢會合線與跌勢分離線一樣，最好之前曾發生過一段明顯的跌幅，這一段會比較傾向整理完成的第2段下跌，那麼下跌的機率就會再提高。

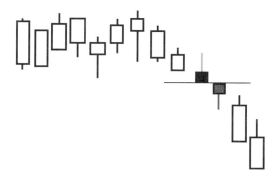

14.下降三法： a、先出現1根長黑K後，後面不管幾根紅K，都不會再突破這根長黑高的高點，所以長黑K的高點就是這型態的防守點。假設上漲的紅K有3根，構成了像是3日孕育線的k棒形態。另外，孕育中的小K棒可以是紅K，也可以是黑K，不過紅K棒較為常見。由於連續數個紅K都無法突破第一根黑K棒的開盤價之上，而最後的一根長黑K出現後，可將前面數個小K棒吞噬，表示多方上攻失敗，多方停損單出籠，空方持續控盤。

另外，可以注意到，下降三法中，頭、尾兩根黑K的交易量，通常會超過中間小K線的反彈量，除了兼具誘多，還有出貨的意味，那麼正常情況下跌的力道就會更強。

　　了解適合空方的組合K，並且知道跌勢的原理，操作上就可以不必避開空方，只做多方，筆者比較傾向多空都做，操作上比較不容易產生偏頗，造成固執。尤其是在泡沫越大的時候，越要準備進場，等到泡沫一旦破掉，市場信心一旦崩潰，投資人務必掌握，空單就是快速獲利的好時機。

| 第五章 |

技術指標在實戰的實用策略

操作外匯
比想像的還簡單

技術分析的是來自於金融市場幾百年所來發生的歷史價格，經過觀察、統計以及設計出來的一種參考指標。

很多人都誤會技術分析的用法，以為技術分析擅長判斷出進、出場的價位，但其實技術分析擅長是預測"趨勢"，而不是絕對價位。要做技術分析的投資人，務必先導正自身的觀念，才不會覺得怎麼與預期中的績效產生很大的落差。

由於技術分析運用過去已經發生的價格或成交量，來預期接下來趨勢的走法或反應趨勢的轉多或轉空，所以對未來有一定的精準度。也因為技術分析受到價格的變化影響較大，所以對短線方向操作正確的投資人，也可以提供助益。

簡單來說，外匯越長線的投資，經濟面的基本分析與央行的政策導向越重要，而短線的投資，技術分析的比重就會較高。

當我們知道技術分析的操作屬性後，接著，也要了解技術分析的種類。市場上通常將技術分析分為2類，1種勢圖形的分析，另一種是數據的分析。圖形的分析筆者主要藉由上一章組合K棒以及趨勢線的畫法再結合均線的方式來做操作。而趨勢的主要判斷，是結合基本面以及央行的政策變化，來做為主要判斷，那麼，精準度自然就會提高。

而本章主要是分享技術分析中的數值分析所形成的指標來做為短線操作的參考依據。

第一節　技術指標的分類

技術指標主要分成2類：順勢指標、逆勢指標

筆者認為，在操作上都各有其優勢，筆者就有認識操作的朋友，把各種指標都做成自動下單的程式，然後同時間大概有10個程式，有趨勢也有震盪，在外匯市場中輪流下單。當某幾個程式近期表現較不佳時，就像是足球場上表現較不佳的球員，就先汰換下來，表示近期的行情較不適合這幾組程式。另外，再換上可能適合近期行情的程式來進行獲利。

他的工作，就不像是一般操盤手，透過市場的變化，依據經驗來分析要買還是要賣？ 而是比較像總教練，看最近的行情如何？ 選定幾個適合的球員上場，來進行獲利。

當然，這也不保證一定獲利，假如派上的程式，是趨勢型的指標，但行情卻是在走震盪，那麼結果當然也是會虧損出場。所以選擇適合的技術指標，能補強或提高自己的操作邏輯，就會變得相當重要。

市場上較常用的技術指標，主要分為下列幾項：

常用指標	隱含意義	基本相關須知
1. RSI	反應股價相對強弱	反應最快，但也容易被巴 短週期 > 長週期 → 做多 短週期 < 長週期 → 做空
2. KD指標	價格在區間的相對位置	K > D → 做多 K < D → 做空
3. MACD指標	中長線的波段走勢	DIF > MACD → 做多 DIF < MACD → 做空
4. 均線(MA)	計算投資人平均成本	成本上 → 做多 成本下 → 做空
5. 布林通道	平均成本與壓力、支撐	觸碰下軌道線 → 做多 觸碰上軌道線 → 做空

　　基本上，筆者認為，技術指標雖落後反應於K棒，雖然也聽過部分市場操作的朋友覺得反應不夠即時，這部分筆者也認同，但技術指標仍有它的優勢。要在市場中，反應即時又能快速掌握K棒走向的人，其實並不多，這通常都已經成為市場的老手與高手，對新手來說，還是需要輔助工具來做支援。另外，雖然指標反應不如K棒，畢竟指標的數據，都是經由K棒走勢或價格計算出來，會稍微落後，但指標在確定的符合做多或做空條件的時候，通常表示趨勢已經成形，要扭轉的可能性較低，參考價值更高。

　　這邊，筆者將推薦幾種市場比較常用的技術指標，來跟大家做個分享。

第二節　隨機指標KD的實用方式

KD指標是屬於震盪指標的1種，是由喬治‧連(George C. Lane)在1957年所創立，英文名稱是stochastic oscillator簡稱『隨機指標』。

KD被使用的操作範圍很廣，一開始，主要是用在期貨市場，後來演變到各種投資的金融商品。

KD隨機指標的觀念是用來計算現在價格在區間的相對位置，當貨幣處在多頭趨勢時，收盤價的價格往往會是價格的最高價。而當貨幣處在空頭趨勢時，收盤價往往會是價格的最低價。

所以當KD指標設常用的標準值9，就是看現在這根K棒收盤價的價格，在這9根K棒中，所處的高低相對位置。如果第9根收盤價，是這9根的最高價，那麼，KD值就會是在高檔的位置；反之，收盤價若處在這9根最低的價格，那麼，KD值通常也會是在相對低點；當然如果收盤價是在中間，那麼KD值通常也會在中間附近。

KD值常用的參數，一般為(9、3、3)

9是取最近的9根K棒，計算出KD值在這9根K棒的相對位置。

3、3是計算K值和D值時，所取的平滑值就用3。

KD的公式簡單，筆者這邊來為大家做個簡單的介紹

它是由K(快速平均值)、D(慢速平均值)兩條線所組成，假設從n天週期計算出隨機指標時，首先須找出最近n天當中曾經出現過的最高價、最低價與第n天的收盤價，然後利用這三個數字來計算第n天的未成熟隨機值(RSV)

要計算KD值前，要先計算出未成熟隨機值RSV

$$RSV = \frac{\text{第n天收盤價} - \text{最近n天內最低價}}{\text{最近n天內最高價} - \text{最近n天內最低價}} \times 100$$

計算出RSV之後，就可以計算出K值與D值。

當日K值＝2/3 前一日 K值 + 1/3 RSV

當日D值＝ 2/3 前一日 D值 + 1/3 當日K值

計算出K值與D值後，接著我們來了解KD要怎麼操作？

基本上

KD黃金交叉(K值由下往上突破D值)做多

KD死亡交叉(K值由上往下跌破D值)做空

1. KD >80 時，表示進入超買訊號，由於市場過熱，若又遭遇死亡交叉，表示貨幣價格容易進入下跌。

2. KD <20 時，表示進入超賣訊號，由於市場過冷，若是出現黃金交叉，表示貨幣價格容易進行拉抬上漲。

如EUR/USD日線圖為例：

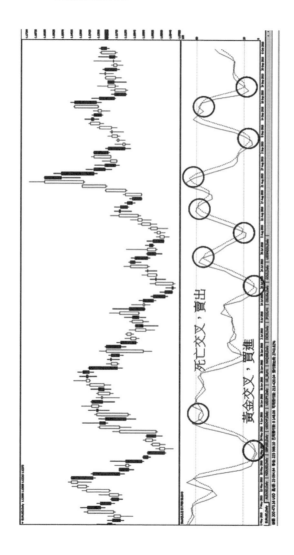

鈍化分為2種：黃金交叉的鈍化、死亡交叉的鈍化

KD在低檔區<20以下的區域，連續出現黃金交叉情況，但貨幣價格卻持續創低的一種情況。

KD在高檔區>80以上的區域，連續出現死亡交叉情況，但貨幣價格卻持續創高的一種情況。

KD的鈍化使用

當低檔出現黃金交叉的鈍化，也就是雖然出現黃金交叉，但價格持續往下破底，顯示KD指標低檔已經鈍化，此時不用在意KD指標狀況，反手做空。

不過反手做空後，由於不確定KD低檔什麼時候會鈍化結束？所以出場點變得比較難抓，筆者這邊有個小訣竅。就是如果股價持破底，就不用管，直到價格無法持續破底，才會考慮獲利出場。

如EUR/USD週線圖為例：

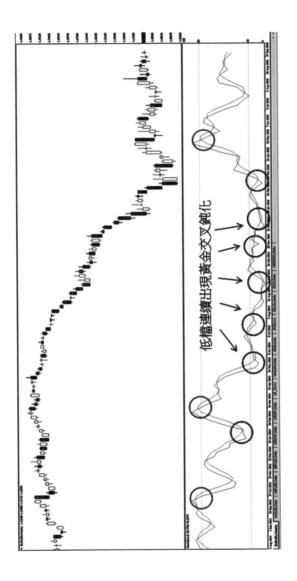

低檔連續出現黃金交叉鈍化

如USD/JPY日線圖為例：

近期的日幣兌美元，並沒有行情，所以KD隨機指標無法發揮功效，看看就好。

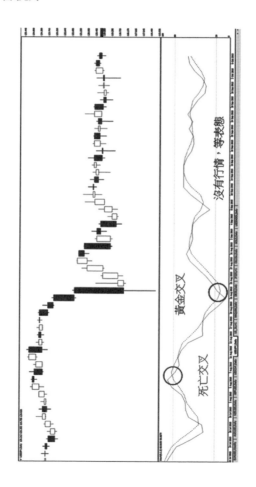

如USD/JPY週線圖為例：

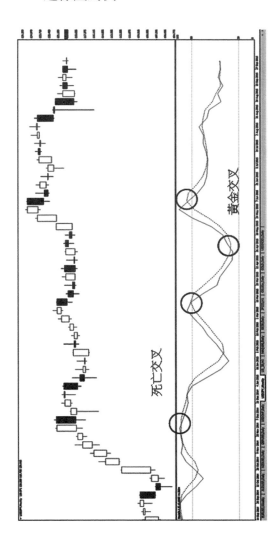

以這兩年的美元兌日幣週線圖來操作，由於KD本身會受到一些缺點影響，雖然也是照黃金交叉與死亡交叉進出，但成效不佳。所以KD遭遇某些行情時，仍然無法發揮其功效。

但就整體的操作經驗，以週線的KD來做操作，效果仍會比日線來的佳。

第三節　MACD指標進出用法

由查拉爾•阿佩爾Gerald Appel在1979年提出指數平滑異同移動平均線（Moving Average Convergence / Divergence, MACD），主要用來判斷價格變化的強度、方向、能量以及趨勢週期。

MACD用來確認波段買進和賣出的時機，是由一組曲線跟柱狀圖所組成。它本身是由兩條不同速度平滑移動平均線(EMA)來計算，通常標準的設定值是短期的EMA12與EMA26。

那什麼是EMA呢？ EMA(Exponential Moving Average)就是指數平均數指標。

計算公式：

1. 以收盤價當第1根指數平均線 可得到EXP值

2. 今日指數移動平均值＝(今日收盤價－前一日之EXP) ×Y ＋前一日之EXP

3. Y＝指數係數(Exponential Percentag-e)＝2／（期間N+1）

4. 市場通常以N ＝12、N ＝50 代入條件3計算

不過公式其實很複雜，投資人不需要花太多時間計算公式，主要是知道如何應用就好。

EMA簡單來說與移動平均線MA的主要差異，是EMA越近期的K棒，給予較重權值，所以短期的反應，對EMA的變化比較大。比如，遭遇突然大漲行情，MA的反應會較慢，因為是所有的K棒平均分攤所有權值，但EMA卻在近期的大漲行情佔有整體較高的權重，因此，EMA較MA更能有效掌握短期漲跌的變化。

知道EMA的差異後，我們回到MACD的公式計算(公式來源，MBA智庫百科)

(1) 計算平滑系數

在計算EMA前，必須先求得平滑係數，其公式如下：

平滑係數 ＝2／(周期單位數＋1)

如12日EMA的平滑係數＝2／(12+1)＝0.1538；

26日EMA平滑係數為 ＝2／27 ＝0.0741

(2) 計算指數平均值(EMA)

當求得平滑係數後，即可用於EMA之運算，公式如下：

今天的指數平均值 ＝平滑係數 x (今天收盤指數 - 昨天的指數平均值) ＋ 昨天的指數平均值。

依公式可計算出12日EMA

12日EMA ＝2／13× (今天收盤指數 - 昨天的指數平均值)

+ 昨天的指數平均值。

＝(2/13) x今天收盤指數 + 昨天收盤指數 + (11/13) x 昨天的指數平均值。

同理，26日EMA亦可計算出：

26日EMA ＝(2/27) x今天收盤指數 + 昨天收盤指數 +(25/27) x 昨天的指數平均值。

由於每日行情波動大小不同，並不適合用每日之收盤價來計算移動平均值，於是增加了需求指數(Demand Index)。計算時，都分別加重最近一日的份量權數(兩倍)，也就是較近的資料賦予較大的權值，其計算方法如下：

DI ＝(Cx2+H+L)/4

其中，C為收盤價，H為最高價，L為最低價。

所以，上列公式中之今天收盤指數，可以需求指數來替代。

(3) 計算指數平均的初值

當開始要對指數平均值，作持續性的記錄時，可以將第一天的收盤價或需求指數當作指數平均的初值。若要更精確一些，則可把最近幾天的收盤價或需求指數平均，以其平均價位作為初值。此外。亦可依其所選定的周期單位數，來做為計算平均值的基期數據。

由於公式較為繁瑣，讀者們大概了解構成MACD的原理就好，筆者直接來分享使用MACD的方式：

MACD主要是留意快速和慢速兩條均線及零軸柱狀體狀況和它們的形態展開。

MACD是由 DIF與MACD 兩條線所組成，

DIF屬短期數據，主要用來判斷貨幣價格趨勢的變化。

MACD屬長期，判斷貨幣波段行情的趨勢。

柱狀圖是以DIF－MACD數值差所繪製出來的。

MACD主要的操作方式：

A. DIF與MACD所處多空研判

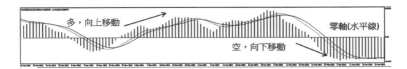

1. 當DIF和MACD均都大於0（它們都處於零軸以上）且都向上移動時，表示為貨幣處於多頭行情，可以做多。

2. 當DIF和MACD均都小於0（它們都處於零軸以下）且都向下移動時，表示貨幣處於空頭行情，可以做空。

如EUR/USD日線圖為例：

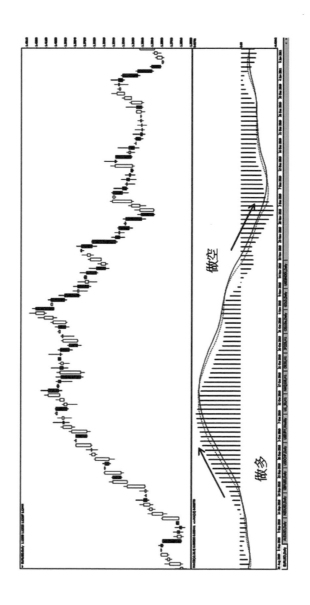

3. 當DIF和MACD均都大於0（且都處於零軸以上）但都
   向下移動時，表示貨幣處於回檔階段，這時候可以選
   擇做空或觀望。

   如EUR/USD日線圖為例：

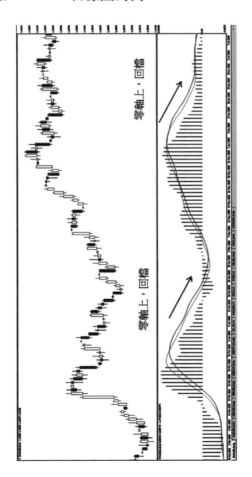

4. 當DIF和MACD均都小於0（且都處於零軸以下）但都
向上移動時，表示貨幣處於反彈階段，這時候可以選
擇做短多或觀望。

如AUD/USD日線圖為例：

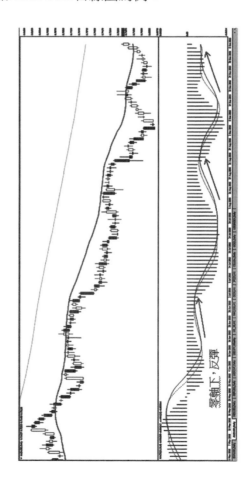

B. DIF和MACD的交叉情況

DIF 快線、MACD慢線交叉的使用情況

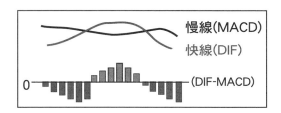

1. 當快線與慢線都在零軸以上，且快線向上突破慢線時，表示貨幣處於一種強勢上漲中，可以加碼買進貨幣或續抱待漲，這也是MACD指標 "黃金交叉" 的另一種做法。

如EUR/USD日線圖為例：

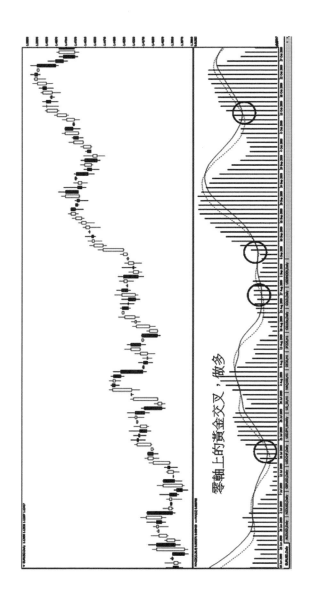

2. 當快線和慢線都在零軸以下，且快線向下突破慢線
時，表示貨幣處在一種弱勢下跌中，可以加碼放空貨
幣或續抱待跌，這也是MACD指標 "死亡交叉" 的另
一種做法。

如EUR/USD日線圖為例：

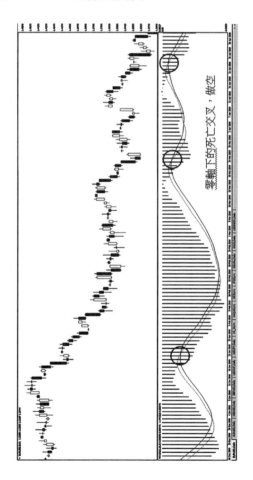

零軸以下的死亡交叉，做空

C. MACD指標的柱狀體操作方式

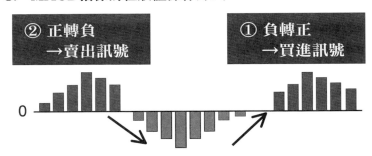

② 正轉負
→賣出訊號

① 負轉正
→買進訊號

1. 柱狀體處在零軸上,且持續放大時,表示貨幣處於多頭漲勢中,貨幣會繼續上漲,這時應做多且續抱貨幣,直到柱狀體無法再放大時才做平倉。

2. 柱狀體處在零軸下,且持續放大時,表明貨幣處於空頭跌勢中,貨幣會繼續下跌,這時應做空且續抱貨幣,直到柱狀體無法再放大時才做平倉。

3. 當柱狀體在零軸上,但持續縮小時,表示貨幣多頭走勢轉弱,即將結束或要進入調整期,這時應選擇降低多方部位或是出場觀望。

4. 當柱狀體在零軸下,但持續縮小時,表示貨幣空頭走勢轉弱,即將結束或要進入調整期,這時應選擇降低空方部位或是出場觀望。

如USD/JPY日線圖為例:

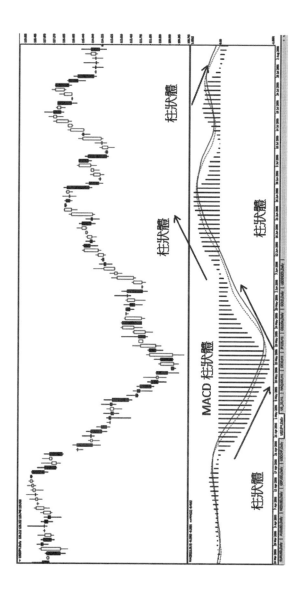

5. 當柱狀體本來在零軸上後來掉至零軸下時，表示貨幣的上漲行情已經結束，盤勢開始轉空，貨幣有可能開始加速下跌，這時應建立貨幣的空方部位，等待下跌。

6. 當柱狀體本來在零軸下後來突破至零軸上時，表示貨幣的下跌行情已經結束，盤勢開始轉多，貨幣有可能開始加速上漲，這時應建立貨幣的多方部位，等待上漲。

如AUD/USD日線圖為例：

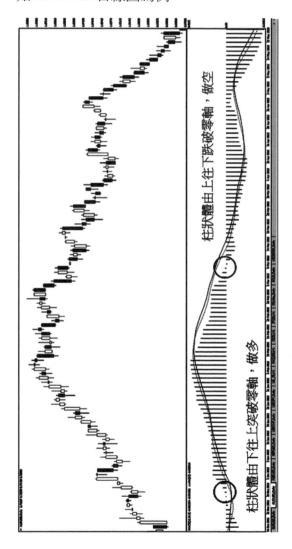

柱狀體由上往下跌破零軸，做空

柱狀體由下往上突破零軸，做多

投資人了解MACD的觀念，可以知道MACD指標的操作方法。不過由於使用參數在不同的數值下，進出的點位也會有不同，沒有某一種參數一定是最好的，只有看什麼行情較適合哪種參數？且實際操作上，在短線震盪幅度較大的時候，MACD指標也容易出現被市場修理的情況，所以務必配合盤勢與經驗，加上基本面研判及劃線等功能操作，效果才能顯現出來。

第四節　布林通道的簡單運用

約翰‧包寧傑（John Bollinger）在1980年代率先提出的技術分析工具，布林通道（Bollinger Bands，BBands）。

布林通道在應用上結合了均線與標準差的概念，原始的圖形是由三條軌道線所組成的帶狀通道(包含帶狀的中心線，簡稱中軌；上壓力線，簡稱上軌；下支撐線，簡稱下軌)。

中軌等同移動平均線的平均成本觀念，一般標準參數都設20(即20MA)

上軌的計算，通常是中軌+2個標準差，即壓力線
下軌的計算，通常是中軌-2個標準差，即支撐線

如EUR/USD日線圖為例：

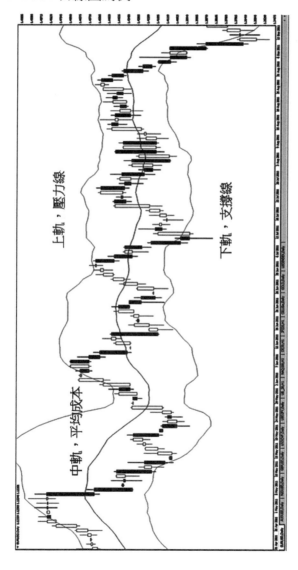

布林通道的圖式類似"箱型操作"

主要是依據標準差的常態分配所顯示，當距平均值小於1個標準差內的數值範圍，是外匯價格常態分布中 (深紅) 所佔全部比率的68.2%(34.1%＋34.1%)；要是設定2標準差，會改為外匯價格常態分布中 (深紅+紅) ，這些價格在區間內合起來的比率佔全部的95.4%(13.6%＋34.1%＋34.1%＋13.6%)。

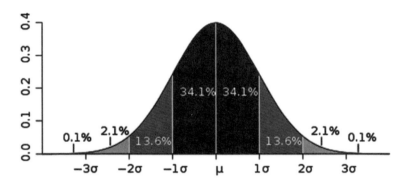

所以，當以布林通道上下各2個標準差的計算，涵蓋了所有K線的95.4%，就可以包含到大部分所有的價格，而超出上下軌道的機率，僅剩4.6%。

布林通道基本操作觀念：

1. 當貨幣價格跌到下軌道時，在箱型震盪的區間中，表示短線超跌，再跌的機率不大，可以進場做多。

2. 當貨幣價格上漲到上軌道時，在箱型震盪的區間中，表示短線超漲，再漲的機率不高，可以進場做空。

布林通道的做多訊號

（1）當貨幣價格由下往上突破下軌線時，短線跌深，視為做多訊號。

（2）當貨幣價格由下往上穿越中軌線時，表示價格轉強，可以考慮加碼做多。

（3）當貨幣價格在中軌線與上軌線間震盪時，屬高檔整理，仍可做多。

以上布林通道的運用，一定要在中軌線持續上揚的狀態下進行，千萬不可在中軌線下跌情況下做多，否則空方趨勢一旦轉強，很容易被市場修理。

如EUR/USD日線圖為例：

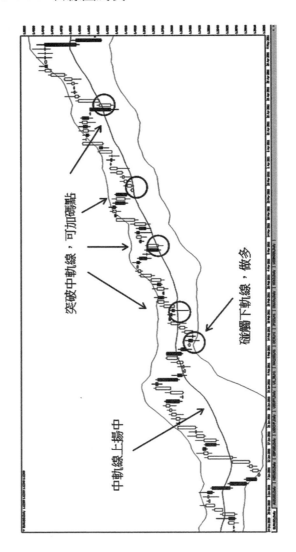

布林通道的做空訊號

（1）當貨幣價格由上往下跌破上軌線時，短線超漲，視
　　　為做空訊號。

（2）當貨幣價格由上往下跌破中軌線時，表示價格轉
　　　弱，可以考慮加碼做空。

（3）當貨幣價格在中軌線與下軌線間震盪時，屬低檔整
　　　理，仍可做空。

　　跟做多一樣，布林通道做空的運用，一定要在中軌線持
續下跌的狀態下進行，千萬不可在中軌線上揚情況下做空，因
為趨勢仍在多方。若此時在上軌線進場做空，一旦多方整理完
成，容易被軋。

如AUD/USD日線圖為例：

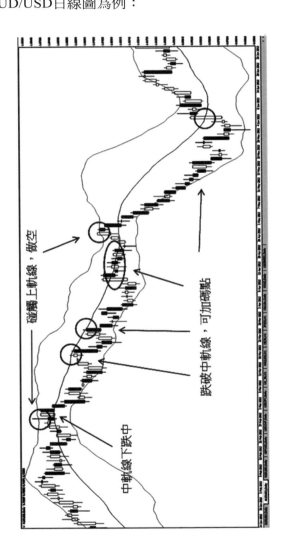

最後，筆者對布林通道的特殊應用

當貨幣價格正在走橫盤的時候，上、下軌道線因行情變小會漸漸與中軌線收斂，通常收斂一段時間後，價格最後一定會表態，不是向上突破，就是向下跌破。此時，布林通道的上下軌道線，開口會瞬間展開，表示行情來了。這時，價格要是往上，可以追多；往下，可以追空。可以依據價格的漲跌，設好停損，快速進場，勝率很高，通常可以賺點甜頭。

另外，貨幣盡量選容易震盪的種類，比如歐元兌美元。貨幣價格的時區，也會建議選用M30或H1以上，太短的話如M5，容易被巴，太長的話，如D1、W1，會比較少機會進場。

如EUR/USD 1小時圖為例：做多

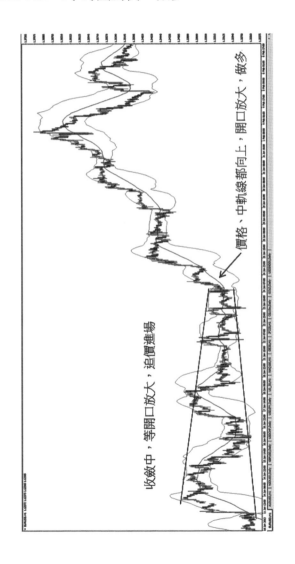

收斂中，等開口放大，追價進場

價格、中軌線都向上，開口放大，做多

如EUR/USD 1小時圖為例：做空

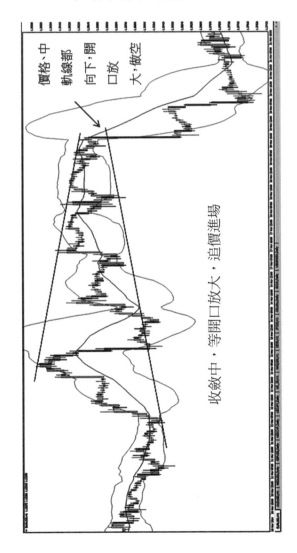

價格、中軌線都向下，開口放大，做空

收斂中，等開口放大，追價進場

第五節　學習技術分析的必備觀念

在市場中，技術分析用在似懂非懂的操作者身上，常會被詬病，因為實際的操作，會有一些細微的部分需要調整，不是單純理論那麼簡單。

所以以技術分析為主的投資人，務必注意下列重點：

1. 要依自己操作的習慣與頻率來選擇適合的技術指標。

2. 在一樣的行情下，不同的指標表現都會有不同的適性，所以要有對該指標慣性改變時的調整策略。

3. 外部的大環境有重大改變時，比如說FED進行QE成升息，技術分析與基本分析狀況一樣的，都會失效。

4. 技術分析著重於過去資料，所以預測能力較弱，但可以有效推估近期貨幣價格的強弱變化。

5. 符合自己設定的下單邏輯，一定要執行與配合紀律，千萬不要隨興下單或坳單，進場點不好，就已經先輸一半，沒有紀律，就會全輸。

6. 一段時間內，固定只用一種指標，熟悉了相關的優缺點，才可以更換，不能同時新增多種指標，這樣容易的會被市場搞混亂。

要真正能學好技術指標，唯有多下苦功多看線圖，看的越多經驗越豐富，配合實務下單，並且不斷累積經驗，持續調整進場、平倉、停損等策略與機制，再加上資金控管等要件，才能將技術分析發揮到極致的效果。

　　最後，有技術分析總比沒有任何交易規則，憑感覺或道聽途說下單來的好，起碼技術分析在空頭市場的精準度較高，可以比較有效避開轉空時候的危險。當然，如果可以依照行情順勢做空，也可順勢增加獲利。

資金控管與加減碼的習慣養成

猶太人，這個經歷2次世界大戰，遭到納粹無情殺害的種族，卻是當今環球金融市場統治華爾街主要的人種。

不得不佩服，2012年美國富豪排行板顯示，前40名美國富豪中，就有20名是猶太人。雖然現任美國總統歐巴馬是位黑人，表面上，美國是由黑人統治。但實際上，由《彭博市場》2015年10月公布全球最具影響力的50人排行，首位就是現任FED主席葉倫，中國國家領導習近平第2，蘋果執行長庫克第3…歐巴馬只能排到第6。所以基本上，猶太人掌控整個華爾街、好萊塢、新聞、媒體界等，金融、商界、政界、外交，猶太人都具有非常大的影響力。所以，真正美國總統應該是猶太人這個種族才對。

1	美國聯準會主席葉倫	
2	中國國家主席習近平	
3	蘋果執行長庫克	
4	貝萊德執行長芬克（Larry Fink）	
5	股神巴菲特	
6	美國總統歐巴馬	
7	美國對沖基金巨頭卡爾·伊坎（Carl Icahn）	
8	高盛執行長勞伊德·布蘭克芬（Lloyd Blankfein）	
9	德國總理梅克爾	
10	LinkedIn創辦人霍夫曼（Reid Hoffman）	
22	大陸投行華興資本創始人包凡，去年總交易金額110億美元	
33	中共中央紀委書記王岐山	
37	萬達集團董事長王健林，身價約380億美元的亞洲首富	
39	中國工商銀行行長姜建清，全球市值最大銀行	

全球金融50大最具影響力人物摘錄

製表：陳柏廷

資料來源：中時電子報

事實上，高盛(Goldman Sachs)、雷曼兄弟(Lehman Brothers)、摩根士丹利(Morgan Stanley)、摩根大通(J.P. Morgan)的創辦人，都是猶太人。

而外匯大師索羅斯、彭博創辦人Bloomberg、FED 前主席葛林斯班和柏南克、現任主席葉倫、美國前後任財長桑默斯、魯

賓、鮑爾森等，都是猶太人。何況，金融帝國的華爾街，有高達5成以上的金融菁英，也就是金融界的中產階級，都是猶太人所包辦。然而在金融界叱吒風雲的猶太人，其實只佔美國總人口的3%，但卻操縱了美國70%以上的財富。

那為什麼猶太人會這麼成功呢？ 主要還是因為，猶太人從小的教育，有幾個特色：

1. 引導小朋友提出疑問，探索與創新
2. 早期正確的教育
3. 培養念書習慣
4. 天才的記憶系統
5. 對數字的敏銳度

對數字敏感度以及超強記憶的能力，促使猶太人統治華爾街的金融交易市場。而對數字的敏感度，正是資金控管最重要的能力。

試想，如果一位操盤人員對數字沒概念，下了10手已經扣掉多少保證金，停損在某價位虧損會是多少？ 損失總金額的幾%？ 這個上漲波段已經回檔幾成？ 還有多少空間？ 都沒有概念的話，那操作一定是渾渾噩噩，隨興下單。

沒有嚴格控管手中資金，就算再厲害也沒用，只要一個閃失，就會把之前的獲利全部還給市場。所以，這一章筆者要來分享，比技術分析還來的重要的資金控管與加減碼部位。

第一節　人生的資金控管，永遠要有後路

資金是第一順位，永遠要預留一份下次還能夠操作的資金，千萬不能因為現在失利，就把你僅存的後援部隊全部投入，一但操作再錯誤，將永無翻身之日。

想想看，一個正常人，一生的薪水會有多少？

假設一個月薪水有50,000，含年終共14個月，工作從大學畢業22歲開始到62歲退休，算40年。

那我們這輩子能賺多少？？

50,000 × 14 X 40 ＝28,000,000

2,800萬都還不包含日常生活的吃喝拉撒睡、養父母、子女等費用。

算一算，能存個500萬，已經相當厲害了。

加上現在台灣景氣不好，到了中年，公司若不幸出了什麼狀況，要再找份薪水高的好工作，談何容易？除非，投資人的爸爸是王永慶，或郭台銘是您的乾爹，不然，在外匯市場上，一但賠光，這輩子就再也無法東山再起。

筆者年輕時，就開始接觸期貨市場，不瞞各位，我曾經做台指期，做到把上班賺的錢全部賠光外，還辦了信用貸款，借了一筆來拚，結果當然也是賠光出場。曾經有一年多的時間，

操作外匯
比想像的還簡單

上班所有賺到的錢，都拿去還信貸，一個月用在身上的金額，不到2,000新台幣，那時，日子非常艱苦，不是一般人可以體會的。當然，那是因為我住家裡，吃公司，才有這辦法。不然，加上房租，一個月沒基本開銷沒15,000以上，要在台北生活是不可能辦的到。

但筆者說這個的目的，主要是要跟大家分享，沒有錢的痛苦，是在於即使行情來了，也跟您無關。所以不管怎樣，一定要預留一份資金，給自己下次可以東山再起的機會。

還好筆者那時還年輕，只有28歲左右，還算是有份穩定的薪水，才可以從頭再來。否則，早就GG離開市場了。因此，奉勸投資人，要先做帳戶的總資金控管。

您能動用的現金水位，不包含不動產或未來收入且沒有新增負債的情況下，除了房貸外，假設現金水位有200萬。那麼您實際上，能投入金融市場的資金，最多不能高於3成，也就是60萬台幣。

而且，假設不幸這60萬一直在虧損，更不能去用剩下的140萬來救這些虧損單。因為，這表示您的操作，還存在些許狀況，仍有瑕疵要去調整。在外匯操作還沒完全通透之前，如果投資人會越做越大，不管是心態或技巧還沒具備好，只要做錯一次大行情，就會賠光一生的積蓄，直接從市場畢業。

所以，在筆者的認定，最好是能完整經歷一個景氣循環，正常來說，是8年的時間。否則，最少也要經歷過1個小型的多

空循環，約2年時間左右。而且投資人的整體淨值穩定增加，不是暴漲暴跌，代表操作的能力已經趨向穩定，這樣才可以開始把資金部位放大增加獲利。

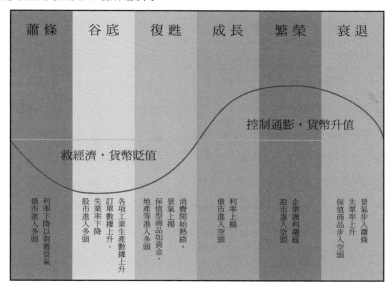

蕭條	谷底	復甦	成長	繁榮	衰退

控制通膨，貨幣升值

救經濟，貨幣貶值

| 利率下降以刺激景氣 債市進入多頭 | 失業率下降 股市進入多頭 | 各項工業生產數據上升、訂單數據上升 | 消費開始熱絡，景氣上揚 保值型商品如黃金、地產等進入多頭 | 利率上揚 債市進入空頭 | 企業獲利趨緩 股市進入空頭 | 景氣步入蕭條 失業率上升 保值商品步入空頭 |

景氣循環圖

第二節　帳戶的資金控管

學會了一個人，在投資市場中，所能投資最多的現金部位30%後。接著，我們要做的，就是帳戶的資金控管。

什麼叫做帳戶的資金控管？ 帳戶控管又有什麼重要性？ 其實筆者認為有4個要點是操作致勝的必要關鍵

操作外匯
比想像的還簡單

1. 操作資金的整體水位

2. 多空比重的資金控管

3. 貨幣分類的規避意外

4. 多帳戶避免爆倉的追繳

這4個重要特性，足以影響投資人可不可以存續在外匯市場，所以投資人務必謹慎處理與面對。

1. 操作資金的整體水位

多數人以為找買點與賣點是一個專業投資人最重要的能力，所以，時常有很多學生問筆者，這邊可以買進嗎？ 又或是這邊要不要先獲利出場。但其實，抓買點與賣點並不是最重要的，就筆者的實務經驗上，資金的控管，遠比買賣點來的重要，比較之後就會了解，資金控管的重要性。

A表　資金（10,000 美金）全下，以勝率 8 成來看，停利 100%，停損 100%

進場次數 \ 項目	每期操作金額	當期損益	每期金額
第一次(勝)	10,000	10,000	20,000
第二次(勝)	20,000	20,000	40,000
第三次(勝)	40,000	40,000	80,000
第四次(勝)	80,000	80,000	160,000
第五次(敗)	160,000	-160,000	0

B 表　資金（10,000 美金）下 3 成，以勝率 6 成來看，停利 100%，
停損 100%

進場次數 \ 項目	每期操作金額	當期損益	每期金額
第一次（勝）	3,000	3,000	13,000
第二次（敗）	3,900	-3,900	9,100
第三次（勝）	2,730	2,730	11,830
第四次（敗）	3,549	-3,549	8,281
第五次（勝）	2,484	2,484	10,765

在A與B圖表比較中，可以簡單的發現。

即使A表的勝率較高，但只要每次都下滿倉，沒控管好資金的部位，雖然獲利迅速，但只要看錯一次，就會將原先的獲利化為灰燼，一次就從市場中畢業。

反觀B表，每次只下整體部位的3成，而且勝率只達6成的情況下，雖然最後結果，並沒有大賺，僅僅只獲利765（10,765 －10,000）美金，獲利率僅7.65%。觀看此例，在嚴格的資金控管下，操作的資金可以穩定成長，比起A表格的暴漲暴跌，獲利來的真實多了。

更何況，若B表是年報酬，就算是年獲利僅有7.65%，也是可以接受。因為，市場年報酬能穩定達7.65%的工具不多，即使交給專業的基金經理人，多數的結果也是賠錢收場。

當然，部分操作已經超越8成勝率的投資人可能會不服氣，因為可以重壓賺一次完之後，再用獲利的部位做下一次，而把

原先的本金留住，這樣獲利自然就會高許多。雖然，理論上這樣說是沒錯，勝率高達8成的投資人，這樣做的獲利確實會高很多，但問題是在如果第一次重壓時，就失敗的話怎麼辦？雖然失敗的機率只有2成，但也不能完全排除這種可能性，如果第一次就做錯了，那就再也沒有多餘資金可以進行操作，因為這種可能性，也不能保證一定不會發生。

更何況，真實操作的經驗上，高達8成以上勝率的操作，一般人是做不到的。筆者觀察到，真實的狀況是當投資人為了提高勝率，那麼就會造成獲利率降低。因為，要讓操作的勝率增加，就得在獲利情況下提早出場，才有機會穩住8成勝率。所以這部分，必定會導引到獲利率降低，實際的操作上，也應該將這種狀況列入考慮才是。

所以，筆者這邊的操作經驗，是以B表為主。進場資金部位最多只操作資金整體部位的3成，雖然資金成長的速度比A表的慢了許多，但操作卻相對穩定，容錯率高。

2. 多空比重的資金控管

在趨勢確定的情況下，比如說EUR/USD趨勢偏空，過程中，也仍會有回升或反彈的過程，不可能會一直下跌，要是都不反彈，一路下去，那麼操作就會變得太棒，太容易。所以，在面對震盪盤或是反彈過程中的多空資金控管，就可以提高操作的效益。

如下圖所示：EUR/USD在趨勢往下的過程中，仍會出現反彈

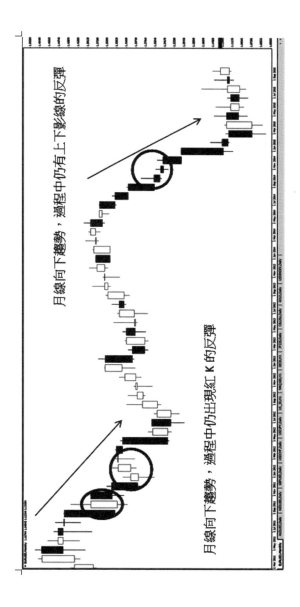

月線向下趨勢，過程中仍有上下影線的反彈

月線向下趨勢，過程中仍出現紅 K 的反彈

操作外匯
比想像的還簡單

雖然筆者仍建議以長線的波段單,來做外匯操作的基本原則。但也可以理解到,多數投資人在操作上,若是沒有配點短單,好像消失在外匯市場一樣。所以就經驗的分享上,可以以時區的分配來做為多空的操作依據。

舉例來說明分配口數:

時間 \ 項目	方向	多單分數	方向	空單分數
月線	↑	4分	↓	-4分
週線	↑	3分	↓	-3分
日線	↑	2分	↓	-2分
4小時線	↑	1分	↓	-1分

1個月等於4週,1週等於5日,1日等於6個4小時線,所以時區的比例接近,平均差不多在5的倍數左右。在這樣的比例下,也依趨勢越長,分配的比重越重來做操作。而多空比重的分數分配,多單最多只佔 1 + 2 + 3 + 4 = 10,也就是10分。

如EUR/USD的不同時區圖所示:

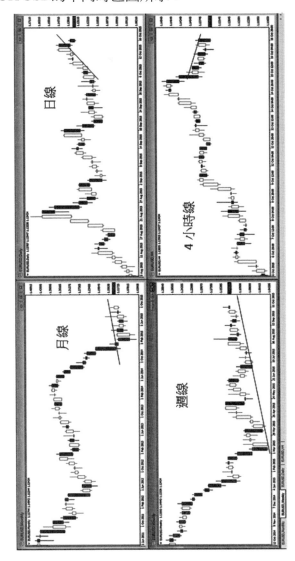

這張圖的月線顯示趨勢仍偏空，尚未突破月線壓力，但有轉強態勢，所以得到-4分；週線圖部分，趨勢已經翻多，雖假突破壓力線後壓回，但尚未跌破多方趨勢，所以仍偏多，可得+3分； 日線圖短線高檔壓回，跌破上升趨勢，也屬偏空，可得-2分；4小時線收上影線長黑，且未突破下降壓力線，仍偏空，可得-1分。

所以整體分數為 -4＋3－2－1 ＝-4

整體多空比最多為±10分，由於得到-4分，所以可下的總資金部位僅下4成空單，其餘算空手部位。計算方法如下表所示：

以10,000美金倉位的帳戶為例：

項目	可投資金額
帳戶總金額	10,000
可投資帳戶3成部位	3,000
多空比為4分空單	3,000 × 4 / 10 ＝1,200

因為多空比只佔4分空單，所以實際投資只有1,200空單位部位。

要是上面範例改為10分多單，那麼維持之前狀況，最多也只能投資3,000美金的多單部位。計算方法：3,000×10/10＝3,000

多空比重的資金控管，主要的功能是避免投資人在行情的誤判過度偏空或偏多，或是在反彈與震盪行情中有個機制，可

以制衡部位太大的多單或空單，並在這樣的行情中，可以因為做反向單得到一部分小小的利潤。或甚至是在大行情反轉前，經由短線的先轉強，透過多空比重先降低部位，才不會行情一反轉，造成重大虧損。

另外，多空比重的資金控管還有一個特別的優勢，就是避免獲利單過早平倉。這是什麼意思呢？

當投資人在EUR/USD高檔下了月線趨勢的空單4分後，如果週線翻多得分+3，一般人會將原本下的4分空單，停利掉3分，只留下1分空單。但其實這是錯誤的做法，因為4分空單停利掉3分後，週線再轉空時，要把原本的空單加回來。這時加回來空單的進場價位，就會較低，當進場價位較低時，只要盤勢震盪較大，形成小幅虧損，這新的空單在心態上轉為浮虧，就容易影響到判斷，常為了不要賠一點點小錢，結果把新空單出掉，造成後面較大行情無法賺到。要是之前的月線空單還在，當週線轉多時，是加新的多單來做對鎖，等後面週線翻空後，把週線多單平掉，並轉空單。要是之前月線下的4分空單還在，因為獲利已經有一段空間，離現在價格較遠，比較不會受到短線震盪幅度的變大就被洗掉，在操作的心情上，絕對會比較穩定。

3. 貨幣分類的規避意外

再來，操作上一定要將不同的貨幣分配在不同的帳號中，不能一個帳號什麼貨幣都做。否則，一旦遭遇特殊行情的黑天鵝，將會導致整個帳戶意外爆倉。

這種情況，剛在2015年1月15日才發生。1月15日當天，瑞士中央銀行突然宣布終止3年多來的匯率限制，結束1.20瑞郎兌1歐元的匯率底線，並降息至負0.75%，造成瑞郎大幅升值，EUR/CHF線圖單日大跌18%。

如EUR/CHF日線圖所示：

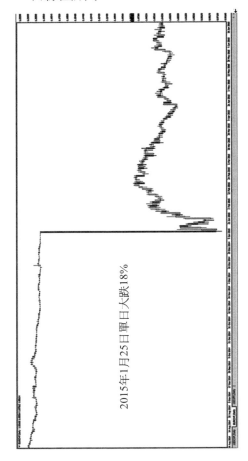

2015年1月25日單日大跌18%

　　想想看，如果手中握有EUR/CHF的多單，就算手中的多單部位很低，即使僅佔帳戶總金額的10%，在受到消息一宣布後的刺激，根本來不及設停損，也是直接爆倉。

　　假使這個帳戶的資金部位較大，又包含多種貨幣一起操作，且其他貨幣可能是在獲利狀態，受到瑞士央行突發性消息的影響，造成瞬間的大行情，也只能跟著一起爆倉。這1天，就我知道的最誇張的狀況，有相當厲害的高手因為把資金放在同一個帳號，因為瑞郎的關係，帳戶內的600萬美金，瞬間蒸發。所以，永遠都可能會出現意外，不能不防。

　　而且，這次的瑞郎黑天鵝，不是只有EUR/CHF的貨幣兌有影響，只要是有瑞郎的貨幣兌，都會受到大行情的影響，做錯邊的話，都難逃爆倉的命運。

　　請看另外兩個也包含瑞郎貨幣兌的圖示：

USD/CHF日線圖

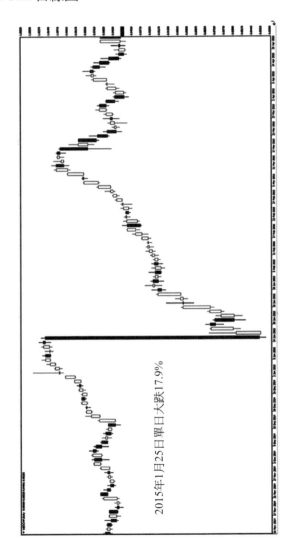

2015年1月25日單日大跌17.9%

AUD/CHF日線圖

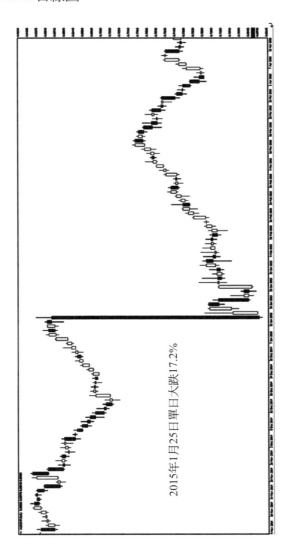

2015年1月25日單日大跌17.2%

　　所以，看完這部分，投資人就應該會很清楚，不同貨幣分散帳戶的重要性，這樣就可以避免單一貨幣出現突發性的意外，造成整個帳戶大爆倉。而且，還有另外1個小小優勢，也就是透過貨幣的分類操作，投資人可以回過頭來看績效檢視，更清楚分析出各貨幣的操作特性，以及自己本身在該貨幣的盈虧，快速推估自己投資的屬性適合哪組貨幣？ 哪組貨幣績效最高？……等來進行檢討與修正，如果都合在一個帳戶操作，績效會非常混亂，無法有效分析出自己的操作邏輯，就算進行排列，也無法詳細記得當初下這筆單的目的。因此，不同貨幣的分類操作，是有其避免意外及操作邏輯分析的重要性。

4. 多帳戶避免爆倉的追繳

　　有鑑於突發性的事件影響，造成單一帳戶的爆倉，所以利用多帳戶將貨幣分類操作是有其必要性的。

　　除非只做單一貨幣的外匯操作，否則，應以多帳戶來分配資金安全。目前市場上外匯常用的交易平台MT4，基本上電腦配備並不需要很強。

　　這邊稍微介紹一下MT4特色：

a. 下單靈活，確保止損─不論現價交易還是預設新單交易，都能同時設置停損與獲利價位，投資人可確保第一時間停損出場。

b. 介面簡潔，交易直觀─所有交易單都能以列表的方式顯示於欄位中，交易資訊一目了然。

c. 聲音警示―設價完成或成交，會有警示聲做提醒。

d. 自設指標―可將操作經驗總結編寫成指標，啟動智能下單。

e. 指標強大― 8種畫線工具、29種技術指標，利用在分析行情走勢自然得心應手。

f. 檔案小―安裝只需583KB，安裝完成不到4M，與系統其他軟體沒有關聯性，不依靠其他程式，可以獨立運作，甚至可以把安裝後的資料夾複製到隨身碟，帶到其他電腦上安裝程式就可以使用，對網路頻寬的要求相當低。

g. 目前市場上一般等級的個人電腦，可同時開啟6個帳戶來進行貨幣的操作，且不會出現卡卡的感覺。

由於多帳號分散資金，讓總資金部位相對安全。不過，若要以MT4下單平台操作的投資人，券商部分也請務必慎選。否則，就算賺到錢，也會遭遇無法順利出金的窘境。

像這次瑞郎黑天鵝事件，多家券商損失慘重，其中損失2.25億美元的外匯經紀商福匯集團（FXCM），股價在盤前就暴跌85%，市值從6億美元大跌至9000萬美元。另外，Alpari UK券商，因承受不住虧損而宣佈破產。隔天，福匯在紐約交易所因股價暴跌暫停交易，直到獲得Leucadia National Corporation 3億美元現金挹注後，還有賣掉旗下部分子公司，才避免倒閉的命運。

操作外匯
比想像的還簡單

如下圖：福匯(FXCM)的股價

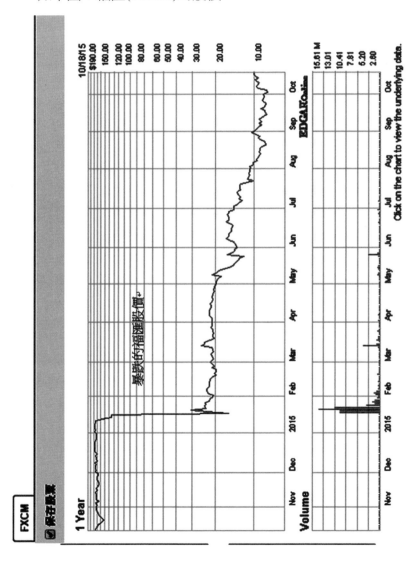

資料來源：http://www.nasdaq.com/

　　雖然福匯受瑞郎黑天鵝事件差點倒閉，但最後仍是有撐住，起碼還算是較正派的外匯經紀商。而市場上仍是有許多不肖的外匯券商，入金後便無法出金，直接把投資人辛苦的血汗錢給坑走，是外匯交易市場中的老鼠屎，所以請投資人入金前務必慎選券商，筆者這邊就不做任何推薦。

　　不過這事件，對在福匯下單的投資人是有利的。怎麼說呢？其實當初，在瑞士央行發表公佈時的瞬間，福匯下單的客戶總共持有約10億美元的EUR/CHF多單部位，但這些客戶帳內僅有約8,000萬美元的資金水位可做為虧損的最大金額，結果跌速太快，過程中福匯系統根本來不及砍單，所以造成鉅額虧損。而這些虧損，最後是由福匯賠錢給銀行端來彌補客戶保證金的不足。

　　為什麼不是由下單的客戶來賠錢呢？這是因為在MT4的下單有個不成文的規定，就是當A帳戶爆倉後，並不會用同一名下的B帳戶錢來進行追繳，而且A帳戶爆倉後，也沒辦法發動對A帳戶的追繳動作。反正，最多就該帳戶全部賠光光，就是極限了，不夠的，由券商去補。所以為什麼筆者這邊一直強調需要多帳戶下單，就是因為商品分散後，遇到黑天鵝事件，雖然部分帳戶爆掉，但部分還在。本來應該是投資人來承擔這些虧損，結果卻改由券商來承擔，真的是賺到，讓這些在MT4下單的客戶逃過一劫。但這邊不能保證，經過這次事件後將來爆倉的清算機制不會改變。

當然，這種狀況並不常發生，因為不是常常出現黑天鵝的行情。比較常看到的，是投資人操作某一貨幣，因為看錯行情，浮虧不斷擴大，為了想要能夠拗回來，重倉加碼該貨幣，結果行情還是不如預期，最後慘遭券商停損。

所以最後，投資人務必清楚了解，控管資金的重要性，絕對遠遠大於掌握買點與賣點。而且買點與賣點有很大的必要性是需要長時間的操作與經驗，才能精準掌握。即使是很有經驗的投資人，仍會保有一定比例的誤判，所以，筆者認為進出能達到8成勝率，就已經相當高，可以算是市場高手。

因此新手應先掌握資金控管的重點，也就是本節的摘要

1. 操作資金的整體水位

2. 多空比重的資金控管

3. 貨幣分類的規避意外

4. 多帳戶避免爆倉的追繳

才有機會先穩定在外匯市場中，不至於馬上就被淘汰。

第三節　加減碼的良好習慣

筆者認識的投資人，就如本章前面所說的，多數一直把重心放在技術分析的買點與賣點，但再次強調，進場與出場點，一直以來，都不是最重要的，而最重要的地方，其實也是最簡單的地方，就是在於資金控管與加減碼的執行。

如果不信，筆者這邊可以舉一個簡單的例子，即使是抓買賣點不是很強的投資人，只要加減碼與資金控管得當，8成勝率VS 5成勝率但配合良好加減碼操作的結果，都有可能完勝勝率8成的投資人。

A.表表示勝率較高投資人的操作結果

勝率8成，每次以1,000美金買入的結果，獲利率100%，停損100%的計算結果

進出次數	進出損益	盈虧金額
1	1,000 × 100%	1,000
2	1,000 × 100%	1,000
3	1,000 × 100%	1,000
4	1,000 × 100%	1,000
5 停損	1,000 × (-100%) 虧損	-1,000 虧損
6	1,000 × 100%	1,000
7	1,000 × 100%	1,000
8	1,000 × 100%	1,000
9	1,000 × 100%	1,000
10 停損	1,000 × (-100%) 虧損	-1,000 虧損
總結	6,000	6,000(共獲利)

操作外匯
➤ 比想像的還簡單

B.表表示勝率較低但配合良好加減碼操作投資人的操作結果

勝率5成，每次以1,000美金買入與加碼的結果，也是獲利100%停利，停損100%的計算結果。

注意，加碼一定出現在已經獲利的狀態，第一次加碼在已經獲利20%，第2次加碼在已經獲利40%，後面就不再加碼等最後停利；虧損狀態不加碼，只等最後停損。

進出次數	進場	加碼獲利	加碼獲利	盈虧金額
1	1,000 × 100%	1,000 × 80%	1,000 × 60%	2,400
2 停損	1,000 × (-100%)			-1,000
3	1,000 × 100%	1,000 × 80%	1,000 × 60%	2,400
4 停損	1,000 × (-100%)			-1,000
5	1,000 × 100%	1,000 × 80%	1,000 × 60%	2,400
6 停損	1,000 × (-100%)			-1,000
7	1,000 × 100%	1,000 × 80%	1,000 × 60%	2,400
8 停損	1,000 × (-100%)			-1,000
9	1,000 × 100%	1,000 × 80%	1,000 × 60%	2,400
10 停損	1,000 × (-100%)			-1,000
總結	0	4,000	3,000	7,000 (共獲利)

由A、B表中比較，A表雖然勝率較高，但因為在獲利的時候，並沒有趁勝追擊。而B表雖然勝率較低，只有5成，但在獲利狀態持續進行加碼，最後的結果，卻出乎意料的，比起A表勝率高的操作人員獲利還高，以獲利7,000美金取得勝利。所以，投資人務必屏除舊的錯誤觀念，不以進出點作為操作外匯操作最重要的目標，而應該把重心放在做好資金控管與加減碼的策略應用上。

畢竟，買點與賣點就實際的操作上，能掌握到8成勝率已經是非常厲害的高手，而5成勝率是完全不懂技術分析的投資人，以丟銅板來猜多空的正常勝率。當然，要是抓進出場點很厲害的高手，再配合資金控管與加減碼部位也很高竿，就絕對會成為外匯市場中的最大贏家。

加減碼習慣的養成

加減碼是一種習慣，一種態度。筆者相信，這些觀念很多人都懂，但為什麼做不到？ 筆者觀察了那麼多的投資人，發現差別只有一個，因為 "不習慣" 。

人，是一種習慣性的動物，一個正常的人，會習慣於他原本的操作方法，要他改變，非常困難，除非能時時意識到自己的問題，刻刻提醒，不斷的練習，直到加減碼已經成為自己操作的一種習慣，甚至，不必去意識到，就自動會這麼做的時候。

那麼，擁有良好加減碼習慣操作的投資人，就可以準備迎接操作獲利的甜美果實。

接著，我們來圖說加碼與減碼運用的時機與方法

口訣是：加碼必順勢，減碼在逆勢

順勢加碼的基本觀念，是當手中單已經在獲利的狀態下，才可做加碼的動作，當然，最好也配合線圖與央行的政策方向，來做為加碼的依據。

以EUR/USD來做順勢加碼

1. 確認聯準會FED與歐洲央行ECB的政策方向。FED偏向升息，所以美元較具升值空間，ECB偏向擴大寬鬆，所以歐元比較偏貶值。以政策方面來推估，EUR/USD貨幣兌較偏空。

2. 月線的技術面來判斷，不管是長線，或是波段，也是呈現偏空

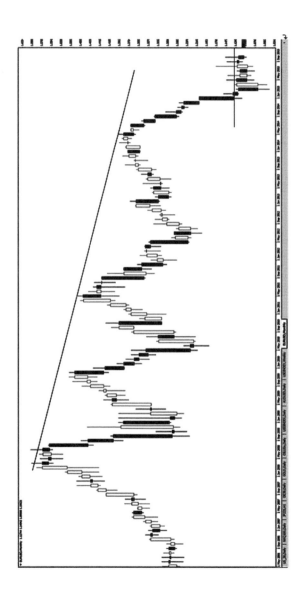

3. 跌破日線上升趨勢，設好停損後空單進場，由於是短空單，所以加碼距離設定點數會較低，短波段筆者每1000小點進場加碼一次，加碼最多2次。

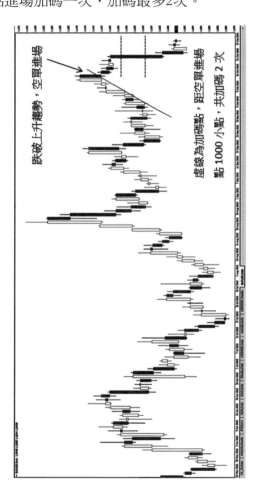

　　這樣的情況下，只要是順勢做對，一個小波段的行情，都可以為投資人帶來不錯的獲利。

　　若誤判偏多，逆勢做減碼

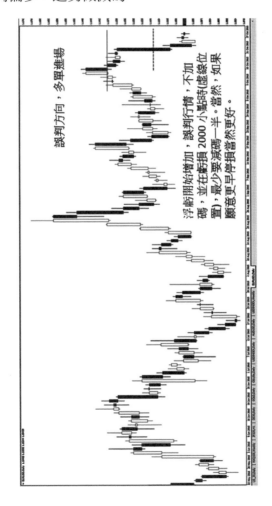

操作外匯
比想像的還簡單

　　遭遇誤判行情，逆勢的時候，千萬不要想加碼攤平，拚一次就賺回來，就算這次真的幸運能坳回來，也不見得每次都行。夜路走多，總會碰到鬼，總有一次，會把之前賺的，一次賠光。所以還是要務實操作，逆勢減碼與停損，順勢加碼與停利，才是外匯操作真正的王道。

成為獲利專家的必備心態

心態，絕對是操作致勝的絕對關鍵，筆者也認為自己在心態部分，仍有可以加強的部分。單子在該停損時還是會停損，不過比較可惜的是，當很有把握也看對行情的時候，由於筆者以前受過重傷，所以操作轉趨保守，不敢壓過重的倉位，淨值只能穩定成長，沒辦法出現爆發性的噴出，這也是筆者自己需要不斷調整的地方。以結果來論，跟最頂尖的高手還存在著一段差距。

即使如此，筆者仍持續修心，在心態上加強操作自然也越來越穩定。在每次操作後，只留下獲利部位的20%來加碼下單，本來是100%出金，入袋為安，現在調整為80%，增加獲利的基礎部位。

第一節　贏家 事前神計劃重於盤中魔看法

心態的重要性是天生的嗎？答案顯然不是。沒有一個投資人在一開始，知道心態要如何養成？都是要不斷的經歷失敗，不斷調整，最後才會出現好的結果。

操作跟我們所擁有的資金無關，跟我們所擁有的智慧無關，跟我們的能力無關，唯一跟我們有關的，就是我們的心態。

操作上，若是在事前擬定的計畫，受到盤中行情改變後，常常也會導致我們調整原本的操作計畫，比如說本來要下多單，結果改成下空單。而這樣的結果，如果從事後來驗證，往往本來的決定才是對的，臨時改變的結果，通常都是錯的，相信投資人也會跟我一樣，有這種經驗。

所以實際上，變化的不是行情，而是投資人內心的感覺。

舉個常見的例子，學生都會問，老師USD/JPY可不可以下空單？ 這時的趨勢明明是多單，也都跟學生說過，但為什麼還是要問可不可以下空單？ 主要是因為之前的多單沒賺到，又漲的多了點，乖離較大，就想說那應該會回檔，所以來做空單看能不能賺到？逆勢做單的結果，一次、二次，通常會讓投資人賺到，但慢慢養成投資人的壞習慣後，就會出現恐怖的惡魔，一次就要把您之前賺的還包含本金都吐出來。

所以當投資人在事前的研判功課完成，加上行情符合預估的走法，才可以下單，千萬不要憑盤中感覺，忽多忽空，胡亂下單。如果真的有這麼神，每次短單都能看對且獲利又高，那麼這本書您可以收起來了，對您來說，這本書參考價值太低，照您原本高勝率做法就可以了。

所以事前計畫的精準度，通常會遠高於受到盤中盤勢變化而改變的看法，投資人克制心魔前，要先學會克制盤中的衝動。

第二節　贏家必定了解自己

贏家必定是了解自己是個什麼樣的人，不了解自己，或自以為了解自己的人，結果都不會太好。

操作外匯
比想像的還簡單

筆者曾仔細的觀察過，贏家具備哪些能力，結果，會讓您大吃一驚。

不是紀律很好，也不是財經相關科系畢業擁有專業知識這一類的人等。真正成功的投資人，一定都具備一個重要的能力『了解自己』。

不夠了解自己的投資人，在操作上，就會被固執、恐懼、貪婪……等情緒所左右，一旦行情被情緒掌控，就準備落入輸家的結果。了解自己的長處與短處，才會設計出一套適合自己的操作方法，任何贏家的操作方法，都值得您學習，作為借鏡，但請記住，那不是最適合您的方法，您一定得再經過調整，內化後，才能成為您的操作策略。

掌控自己的情緒，也是在清晰自己後才會產生。舉個簡單的例子，當筆者淨值虧損超過12%後，就會開始出現情緒上的壓力，但有的人可以承受的壓力很大，比如浮虧30%~50%，他都還可以面帶微笑，好像沒有發生甚麼事情一樣。如果我們能承受的壓力較輕時，我們的停損機制，就要設計在更低的情況，約6~9%，符合這樣的停損，才會考慮進場。此時，沒有符合停損6~9%的行情可作為停損範圍時，就寧願觀望，或如果一定要下單，進場倉位就得降低手數，否則一旦到達12%還沒停損，就容易因為抗壓力不足而導致亂下單。

如果投資人會常改變自己內心的感覺，比如說，忽多或忽空，那麼，如果了解自己，就會自動將停損設低，而且也會調整為遭遇重要的壓力或支撐才會出手。否則在沒有壓力或支

撑的點位亂下單，就會容易因為盤勢震盪而被雙巴。當自己知道，自己有這種個性的時候，就要從操作上調整做法，才能提高勝率。

另外，了解自己的人會發現，當行情改變，原本適合自己的操作邏輯，沒辦法獲利甚至開始產生虧損，就會去思考，依照自己的操作邏輯，要如何調整成適合自己新的投資方法？ 但不了解自己的人，只會知道，就是要有紀律，但永遠不懂，怎麼讓自己真的有紀律，這個是比較可惜的部分。而比較精準的說法，筆者會認為是了解自己的層次還不夠。

所以了解自己，調整成自己適用的操作策略，絕對是投資人邁向外匯贏家的必經之路。

第三節　贏家的基本心態

1. 積極

懶散不積極的投資人，通常操作也是渾渾噩噩，精神無法集中。改掉懶散的自我，會讓自己的決定增加信心，這雖然不是投資外匯最重要的部份，但起碼算是投資基本必備的條件。

2. 努力

努力只是操作的基本條件，我們可以知道80/20法則，那個20的部分，多是做足功課的投資人，而那80呢？ 多是花時間為自己操作失敗找藉口，或是喜歡聽從明牌做單，如果賠錢就把失敗怪罪給提供建議的人，因為這樣最快。

殊不知道，想要是外匯市場獲利，當然也有它的功課要做。如果一天只花2小時，就能有穩定的獲利，比起上班8小時好多了，投資人願不願意？

答案是：不願意。投資人還是喜歡原有的工作，因為已經習慣工作。

筆者怎麼能這麼說呢？在當下的回答，投資人都會說很划算，只要2小時，就可以賺跟上班一樣多的收入，怎麼可能不願意？但，就筆者看到的結果，多數投資人，雖然嘴裡說2小時很划算，但實際上，只做20分鐘功課的人，也是少之又少，再不然就是花一堆時間，鑽研一些無關痛癢的操作邏輯。這就是筆者看到的實際狀況。因為，想認真的，總是會給什麼事耽擱，造成無法努力。比如說：要陪小朋友念書、要準備菜給老公吃、家裡有甚麼東西要修繕等等。這些筆者也都認為是真的。但時間很公平，一天就是24小時，想要什麼？就得自己努力去爭取，這個筆者也幫不上忙，因為家家有本難念的經。

3. 分的出交易慾望

當交易習慣後，通常會有一直想交易的衝動。不過，認清交易是出於慾望還是可以獲利，就得先停下來，由場外來看待自己，就會比較客觀。所以停損後，不要馬上再進場，可以先休息一下，才會更加客觀。而是在行情不明的時候，能夠分清是不是交易慾望，自然就不會進行無謂的交易。

4. 適度的休息

過度集中在盤勢前，容易造成判斷疲乏，就跟橡皮筋一直拉開一樣，沒讓它恢復彈性，就很容易鬆弛。操作也是一樣的概念，不要天天盯在電腦桌前，尤其是在操作不順的時候，除非您是做短單的投資人。但筆者還是建議做長單，投資人比較容易賺到錢。

筆者就知道市場某位的女性投資人，通常賺到錢後，就會出國1~2週，讓自己好好的休息，離開盤面，回來後，更為客觀，就可以重新下單，再來新的獲利。所以離開盤勢，讓身體、心理休息，絕對是操作不可或缺的一個客觀調節劑。

5. 選擇熟悉的貨幣兌

以自己最常操作的貨幣兌來進行操作，容易了解該貨幣的慣性是否改變？ 壓力與支撐位置。以筆者的操作經驗來說，新手可以選擇EUR/USD 或 USD/JPY貨幣兌，尤其是USD/JPY貨幣兌，最符合技術分析，但震幅會較EUR/USD大，所以資金控管的部分，要更為保守。

如圖：筆者最愛的貨幣兌USD/JPY，技術分析上，有做頭疑慮，但還不確定。

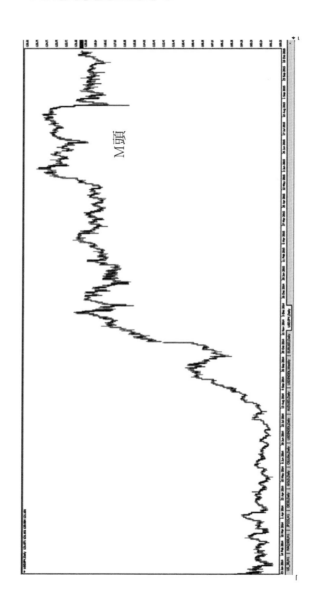

6. 市場永遠是對的，認輸賠錢

越固執的投資人，就越快陣亡。謹記這個條件。堅持，只能用在做對邊的時候。做錯邊的堅持，就不是堅持，而是固執。

筆者這邊舉個例子，投資人就會知道該怎麼做。假設今天投資人到銀行匯款，不幸剛好遇到銀行搶劫，歹徒要投資人交錢就免死，這時投資人要錢還是要命？

答案當然不用筆者這邊說，當然是要命，把錢給搶匪，沒命了有錢也沒用。認輸賠錢，就是這道理，賠錢就可以出場，重新再來，要是不認輸、不承認錯誤，最後就是全部賠光，跟沒命差不多。所以投資人遭遇搶劫這件事的時候，自然就會有明智的選擇，那麼下單交易，是不是也該一樣呢？

最後，掌握上述的6個小點，就能掌握贏家的基本心態。擁有這些贏家的基本心態，就有機會逐步踏上贏家之路。

第四節　贏家只有紀律 輸家心存僥倖

贏家的操作模式是遵從於他的交易邏輯，前面說過，操作邏輯每個人都不一樣的地方。而交易邏輯，包含了3個重點，進場訊號、出場訊號、停損訊號。只要在長期穩定獲利的情況下，就可以持續遵守紀律。

贏家的眼中，紀律比獲利來的重要。因為獲利的來源，主要是來自於確實遵守紀律，若沒遵守紀律，又怎麼會有獲利呢？ 所以當然紀律比獲利來的重要，這個如果投資人現在還沒辦法體會，再過一段時間後，就自然會懂了。

贏家與輸家的思維和行為模式比較表

項目 \ 操作結果	贏家	輸家
交易邏輯	系統化	憑感覺
對交易邏輯的信賴	絕對相信	時常懷疑
下單模式	立即進、出場	再看看
操作結果	獲利	虧損

投資人要注意的，不是金錢上的損失，而是是否開始失去紀律。錢都一定賺的回來，只要失去紀律，錢一定賺不回來，所以，不要在乎已經失去的虧損，要在乎的是，是否失去紀律？

第五節　耐心

筆者認為，操作最重要的心態，就是耐心，耐心，耐心。

為什麼筆者要連續說三遍呢？ 原因很簡單，想想看，如果有一波大的行情，您這次沒跟上，但只要您有耐心，願意等，也許打底或做頭需要1~2年，行情才會再度展開。那時，就是您可以掌握超大獲利行情的時候，您是否願意等待？

　　投資人一定要有一個觀念，景氣一定會循環，您一定會等到，只是要多久？ 您願不願意花時間等到那時候？ 大部分的投資人，其實不願意等，因為大家都比較想賺快錢。

　　搶快是市場上常見的情況，下單的時區越短，壓力與支撐的力道就越弱。比如小時線的壓力區比上日線的壓力區比上週線的壓力區比上月線的壓力區，當然是時間越長的力道越強，那時進場的勝率自然越高。但筆者常常看到的是很多投資人在用5分鐘線圖與15分線圖做單，基本上，這太容易受到公佈消息面的影響，容易被洗單。

如圖所示：USD/CHF 5分鐘線圖受消息影響被上下洗單

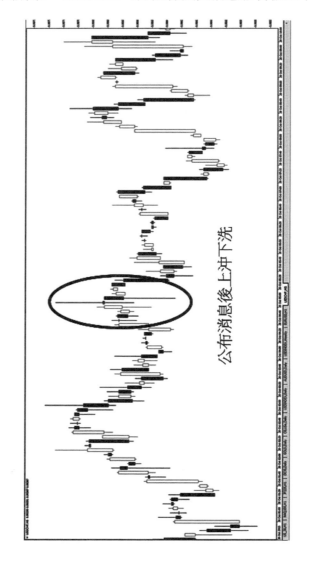

公布消息後上冲下洗

　　由於受到消息公布影響，停損要是設定的太小，就很容易被掃到。這樣的情況一多，長時間下來，又怎麼能獲利呢？而且更會對操作逐漸失去信心，懷疑自己的交易邏輯。

　　所以筆者才說，錢是耐心等來的，不管您信或不信，這是筆者在市場上重要的經驗。當您出手的次數越少，換個角度來說，在正常情況下，勝率就會越高，在勝率高的情況下，想要不賺錢，也很難。

　　『只要你不犯太多錯，人一生只要做對幾件事就好』

　　　　　　　　　　　　　　　　　　　　　華倫-巴菲特

　　減少犯錯的次數，就是因為一直在等待機會，沒有很高勝率的時候，絕不出手。在操作上，很多時候，並不是出手的好位置，或是行情仍在不確定的情況下，又或是不符合自己的操作邏輯的時候。為什麼一定要出手？當投資人沒辦法理解到"等待"是門藝術的時候，就會誤以為等待是因為專業不夠，看不懂行情所以只好等待。

　　就筆者的經驗，一個正常的投資人，越常出手，就越容易陣亡。耐心絕對是您最重要的夥伴，一生只要做對幾次重要的大行情就夠了，不要去在乎短單的盈虧，仔細算一算，短單能小賠就已經算是操作不錯了。

　　而正確的投資態度其實應該是這樣：如果能等到勝率越高的機會，才來出手，那麼每次出手，都因為之前等待的時間，過濾掉很多雜訊，進場勝率自然就高。由於勝率高，那麼發生

虧損的機率就會大幅降低，這時就容易獲利出場。所以投資人必須要問自己，到底進場的目的，是為了賺錢？ 還是喜歡買賣衝來衝去的感覺？ 這部分清晰了，操作結果就會錢多多了。

　　最後，預祝各位投資人，在了解本書的內容後，操作上能不斷精穩定獲利，在外匯市場也成為雄霸一方的投資專家。

備註：
線圖資料平台：MataTrader4

宏典文化
操作外匯比想像的還簡單
-不了解也可以做外匯

作　　　　者	金吉拉
發　行　人	林威志
總　經　理	曹俊傑
主　　　編	Maggie Y.Y.
執 行 編 輯	曾曉雷
美 術 編 輯	葉昌齡
出　版　者	宏典文化出版股份有限公司
地　　　址	新北市永和區豫溪街156號1樓
電　　　話	(02)8925-1958
傳　　　真	(02)8925-3598
出 版 日 期	2017年7月
台 幣 售 價	280元